KB018260

2025

8급 간호직 공무원
시험대비 필수 교재

지혜로운
간호관리

리뷰테스트
지난 주 수업 복습하기!

2025

지혜로운
간호관리
리뷰테스트

2판 1쇄   2024년 9월 10일

편저자_ 김지혜
발행인_ 원석주
발행처_ 하이앤북
주소 _ 서울시 영등포구 영등포로 347 베스트타워 11층
고객센터_ 1588-6671
팩스 _ 02-841-6897
출판등록_ 2018년 4월 30일 제2018-000066호
홈페이지_ gosi.daebanggosi.com
ISBN_ 979-11-6533-505-2

정가_ 7,000원

ⓒ All rights reserved.
이 책은 저작권법에 따라 보호받는 저작물이므로
무단으로 전재하거나 복제, 복사하는 등의 행위를 금합니다.

목차

01 관리와 관련된 개념이 옳은 것을 고르시오.

가. 간호관리	나. 관리	다. 기획	라. 조직	마. 인사	바. 지휘	사. 통제

(1) 업무성과의 표준을 설정하고 성과를 측정하여 미달된 것을 행동수정하고 조치를 취하는 것은? (　　　)

(2) 조직의 목표를 달성하기 위해 업무를 지시하고, 직무를 수행할 수 있도록 지도 격려하는 역할은? (　　　)

(3) 조직이 달성해야 할 목표를 설정하고 이를 효율적으로 달성하기 위한 최적의 행동방안을 선택하는 것은? (　　　)

(4) 조직의 목표를 달성하기 위해 자원을 이용하여 기획, 조직, 인사, 지휘, 통제하는 과정은? (　　　)

(5) 자원을 조정배분하고, 책임과 의무를 배분하며, 타부서와의 업무를 조정하고, 업무진행을 원활히 하기 위해 상사와 부하 직원이 효과적으로 의사소통 하는 것은? (　　　)

(6) 투입을 산출로 바꾸는 전환과정이며, 간호대상자에게 양질의 간호를 제공하기 위해 간호사들이 알고 행해야 될 지식과 기법은? (　　　)

(7) 조직목표를 달성하기 위해 인적자원을 적절히 활용하는 것으로, 모집, 선발, 채용, 오리엔테이션, 인력개발, 업무분담, 스케줄 등을 포함하는 것은? (　　　)

02 옳은 답을 고르시오.

(1) (① **효과성 / 효율성**)은 조직의 목적이 적합한지, 목적을 어느 정도 달성했는지를 측정하는 개념이고, (② **효과성 / 효율성**)은 목적을 달성하기 위해 자원을 생산적으로 잘 사용했는가를 측정하는 것의 개념이다.

(2) 효과성은 (① **과정 / 결과**), (② **목적 / 수단**), (③ **장기 / 단기**), (④ **방법 / 대상**), (⑤ **옳은 일을 하는가 / 일을 올바르게 하는가**), (⑥ **경제성 / 가치**), (⑦ **대내지향적 / 대외지향적**), (⑧ **동태적 / 정태적**)과 관련된 개념이다.

(3) 목표를 달성하지 못했지만 자원을 적정하게 투입하였다면, (① **고효과적 / 저효과적**)이고 (② **고효율적 / 저효율적**)이다.

(4) 간호관리학의 학문적 특성은 (**과정지향적 / 상황적합성 / 과학적방법론 / 변화지향적 / 성과지향적 / 인간중심적**)이다.

03 옳은 경우 O, 틀린 경우는 X로 표기한 후 틀린 부분에 밑줄 긋고 빈칸에 고쳐 쓰시오

(1) 매리너 토미는 관리과정을 기획, 조직, 지휘, 조정, 통제로 분류했다.

    (   ) _____

(2) 효과성은 개인이나 조직이 수행하는 업무의 양과 질을 자원 활용의 정도를 고려하여 측정한 것이다.

    (   ) _____

(3) 최고관리자는 기획과 인사기능을 가장 많이, 일선관리자는 지휘와 조직기능을 더 많이 수행한다.

    (   ) _____

(4) 일선관리자는 조직목표, 전략, 정책을 집행하기 위한 제반활동을 수행한다.

    (   ) _____

(5) 중간관리자는 조직의 목적을 달성하기 위해 자원을 배분하고, 조직의 외부환경과 상호작용한다.

    (   ) _____

(6) 카츠의 전문적 기술은 중간관리자가 가장 많이, 개념적 기술은 최고관리자가 가장 많이 사용한다.

    (   ) _____

(7) 카츠의 인간적 기술은 조직의 복합성과, 각 부서가 어떻게 연결되고 의존되는지를 이해하는 능력이다.

    (   ) _____

04 간호관리 체계모형에서 각 요소에 해당하는 것을 고르시오.

가. 투입	나. 과정	다. 산출
(1) 조직문화 ( )	(2) 환자중증도 ( )	(3) 자료수집 ( )
(4) 간호사 이직률 ( )	(5) 연구 ( )	(6) 의사결정 ( )
(7) 환자 만족도 ( )	(8) 재정과 정보 ( )	(9) 간호사의 교육과 경험 ( )
(10) 의사소통 ( )	(11) 간호사 태도 ( )	(12) 간호전달체계 (,)
(13) 조직 활성화 ( )	(14) 간호표준 ( )	(15) 간호원가 ( )
(16) 간호의 질 관리 ( )	(17) 인력개발 ( )	(18) 간호인력 ( )
(19) 간호과정 ( )	(20) 환자재원일수 ( )	(21) 간호시간 ( )
(22) 재무관리 ( )	(23) 환자분류체계 (,)	(24) 수간호사의 리더십 ( )
(25) 환자의 태도 ( )	(26) 기획, 지휘, 통제하는 권한을 가진 간호관리자 집단 ( )	

05 민츠버그의 관리자 역할에 대한 옳은 답을 고르시오

가. 지도자	나. 모니터	다. 전달자	라. 협상자	마. 문제해결자
바. 대표자	사. 연결자	아. 기업가	자. 대변인	차. 자원할당자

(1) 정보적 역할에 포함되는 것은? (　　,　　,　　)

(2) 대인관계 역할에 포함되는 것은? (　　,　　,　　)

(3) 의사결정자 역할에 포함되는 것은? (　　,　　,　　,　　)

(4) 상관, 부하직원과 함께 일할 뿐만 아니라 타부서나 외부인과 교류를 관리한다. (　　　)

(5) 조직 내 자원을 교환하고 노사협상에 간호부서의 대표자로서 참석하여 노조와 단체교섭에 임한다. (　　　)

(6) 외부 사람들에게 조직의 계획, 정책, 활동, 결과 등에 대한 결정을 알린다. (　　　)

(7) 일정을 계획하고, 직무를 설계하고, 예산을 책정하는 역할을 수행한다. (　　　)

(8) 조직에서 법적, 사회적으로 요구되는 상징적이고 일상적인 의무를 결정하고 수행한다. (　　　)

(9) 간호부장이 시장조사를 통해 새로운 사업을 기획하고 간호조직구조를 재정비했다. (　　　)

(10) 조직구성원을 동기유발하고 피드백하며, 종업원 채용, 배치, 훈련 등 인사와 관련된 사항을 결정한다.
(　　　)

(11) 스케쥴 문제, 파업, 작업환경 문제를 조사하여 이를 해결하기 위한 조치를 취했다. (　　　)

(12) 2009년의 관리의 상호작용 모델은 ① _____ 차원(_____, 통제), ② _____ 차원
(_____, 연결), ③ _____ 차원(_____, 처리)으로 구분한다.

06 관리이론에 대한 질문에 빈칸을 채우거나, 옳은 답을 고르시오.

(1) 고전적 관리이론은 Gorden에 의하면 ① _____ 관점, Scott의 분류에 의하면, ②
조직이론에 속한다.

(2) 스콧은 조직이론의 분류에서는, ① _____ 을 환경개념의 포함여부에 따라 ② _____ 관점으로
나누고, ③ _____ 을 어떤 존재로 가정했는지에 따라 ④ _____ 관점으로 구분하여 이론을
분류했다.

(3) 과학적 관리론은, ① _____ 연구를 통해 근로자의 생산성을 향상시키는 방법에 과학적 원칙을 적용
한 이론으로, 1. 직무를 ② _____ 하고, 2. ③ _____ 및 전문화하였으며, 3. 적정인을
③ _____ 하였고, 4. 임금체계는 ⑤ _____ 를 도입하였다.

(4) 과학적 관리론은 인간을 (**사회인 / 경제인 / Y론적 / 복합인 / 기계인**)관점으로 보았다.

(5) 과학적 관리론은 현대 간호관리에서, (권한 · 규칙 · 절차의 공식화 / 기능적 업무분담 / 고충처리제도 / 간호업무량 측정 / 간호실무표준 / 신규간호사 백일잔치 / 표준진료지침(CP) / 간호사의 의사결정 참여기회 확대 / 성과급제)에 해당된다.

(6) 행정관리론에서, 관리의 원칙에는 (권한의 원칙 / 개인목표 우선의 원칙 / 계층연쇄의 원칙 / 질서의 원칙 / 분권화의 원칙 / 규율의 원칙 / 분업의 원칙 / 공정성의 원칙 / 방향 다양성의 원칙 / 고용안정의 원칙 / 사기의 원칙) 등이 포함된다.

(7) 페이욜의 관리원칙에서, 인적 물적 자원의 적재적소 배치에 해당하는 원칙은 (권한 / 규율 / 질서 / 분업)의 원칙이다.

07 옳은 경우 O, 틀린 경우는 X로 표기한 후 틀린 부분에 밑줄 긋고 빈칸에 고쳐 쓰시오.

(1) 과업의 표준화를 강조하여, '인간없는 조직'이라는 비판을 받은 이론은 관료제이다.
( ) _____

(2) 직무의 기술적인 측면을 과학적으로 밝힌 이론은 과학적 관리론이고, 조직관리의 보편적인 원칙 정립에 중점을 두어 경영문제를 조직의 상위계층에 집중한 이론은 경영과학론이다.
( ) _____

(3) 조직 전체의 합리화가 아니라 공장 내부의 작업을 과학화한 것은 테일러이고, 유일한 최고의 조직관리법을 개발하려고 한 것은 페이욜이다.　　　( ) _____

01 관리이론에 대한 질문에 옳은 답을 채우시오.

가. 과학적관리론	나. 체계이론	다. 행동과학론	라. 행정관리론	마. 조직문화이론
바. 인간관계론	사. 관료제이론	아. 상황이론	자. 카오스이론	차. 경영과학이론

(1) 메이요 (   ) 　　　　　(2) 페이욜 (   )

(3) 베버 (   ) 　　　　　(4) 버틀란피 (   )

(5) 인간론적 관점 (,   ) 　　　(6) 통합론적 관점 (,   )

(7) 구조론적 관점 (,   ,   )

(8) 스코트의 조직이론 분류에서, 개방 합리적 이론에 속하는 이론은? (,   )

(9) 스코트의 조직이론 분류에서, 폐쇄 자연적 이론에 속하는 이론은? (,   )

(10) 스코트의 이론에서, 두 번의 패러다임 변화를 일으키는데 결정적인 역할을 한 이론 두 개는?
(,   )

(11) 맥그리거의 XY이론이 속하는 이론은? (   )

(12) 정부조직과 같은 대규모 조직에 적합한 이론은? (   )

(13) 조직과 상황을 지나치게 구체적이고 실물적으로 본 이론은? (   )

(14) 근로자의 욕구를 충족시키고 의사결정 참여기회의 확대를 강조한 이론은? (   )

(15) 개인별 능력에 따라 업무를 배정하고, 업무를 표준화 단순화 전문화한 이론은? (   )

(16) 동아리활동을 지원하여 팀웍을 향상하고, 인사상담제도나 고충처리제도를 도입한다. (   )

(17) 조직의 효과성에 상황과 조직특성변수의 적합성이 영향을 미친다는 이론은? (   )

(18) 조직은 살아있어 안정되지 않고 계속 변화하며, 환경에 대해 끊임없이 반응한다. (   )

(19) 규칙과 절차를 재정비하고, 간호사들의 공식적 권한과 책임을 명확히 하는 이론은? (   )

(20) 호손연구를 통한 이론으로, 사회적 능률관을 지니며, 민주성 확립에 기여한 이론은? (   )

(21) 확률 등 수학적 공학적 방법을 사용하여 그 결과를 토대로 의사결정하고 문제해결한다. (   )

(22) 과업의 분업화, 공평한 대우, 능력과 업무성과에 기초한 선발/승진을 중시한 이론은? (   )

(23) 추상화수준이 높은 이론에 기초함으로서, 실제 연구에 필요한 구체적인 지식을 제공하지 못한다. (   )

(24) 시스템은 오직 안정된 구조 내에서 일시적으로 존재하므로, 관리자는 학습조직 등을 만들어야 한다. (   )

(25) 조직 환경의 특성에 따라 조직구조를 설계하고 통제시스템을 선택해서 종업원을 지도하고 동기부여한다.
(   )

(26) 조직은 하나의 집합체로 상호의존하는 하부체계로 구성되고, 균형상태를 유지하려는 특징을 갖는다. (   )

02 기획의 원칙에 대한 설명이 옳은 것을 고르시오.

가. 간결성의 원칙	나. 적합성의 원칙	다. 경제성의 원칙
라. 구체성의 원칙	마. 안정성의 원칙	바. 연속성의 원칙
사. 계층화의 원칙	아. 균형성의 원칙	자. 포괄성의 원칙
차. 탄력성의 원칙		

⑴ 기획의 원칙에 속하지 않는 것은? (　　,　　,　　)

⑵ 정보의 질과 양, 예측기술이 정확해야 확보되는 원칙이다. (　　)

⑶ 목표달성에 필요한 자원, 제반 중요 요소 간에 상호균형과 조화가 있어야 한다. (　　)

⑷ 변동하는 상황에 대응할 수 있고, 하부조직이 창의성을 발휘할 수 있도록 한다. (　　)

⑸ 상위 수준의 기획에서 시작하여 순차적으로 여러 개의 기획이 파생되도록 한다. (　　)

⑹ 환자안전 증진을 위한 기획 시 필요한 인원, 물자, 설비 등 제반요소를 모두 포함해야 한다. (　　)

03 틀린 부분에 밑줄 긋고 빈칸에 고쳐 쓰거나, 옳은 답을 고르시오.

⑴ 기획은, '조직의 철학을 설정하고, 이를 달성하기 위한 최적의 행동방안을 선택하기 위한 행위'이다.

　　(　　) _____

⑵ 기획은 활동보다 과정에 초점을 두므로 성공가능성이 높다. (　　) _____

⑶ 기획은 위기상황을 감소하도록 도와주며, 의사소통을 촉진시킨다. (　　) _____

⑷ 기획은 개방체계로 행동지향적, 목표지향적, 변화지향적, 미래지향적, 정태적인 개념이다.

　　(　　) _____

⑸ 기획의 목적은 조직의 목표를 달성하고, 자원낭비를 최소화하며, 인사의 기준을 설정하기 위함이다.

　　(　　) _____

⑹ 환경변화가 심한 불확실한 상황에서는 (**구체적** / **지침적**) 기획이 필요하다.

04 기획의 구성요소(계층화)에 대한 질문에 빈칸을 채우시오.

(1) _____은 조직구성원의 활동범위를 알려주는 광범위한 지침이다.

(2) _____는 조직의 목적을 달성하기 위한 구체적인 행동지침이다.

(3) _____은 조직의 목적달성을 위해 조직의 행동을 이끌어가는 가치 또는 신념이다.

(4) _____는 특정업무에 대한 관례적인 방법을 기술한 것으로, 표준화된 처리순서 또는 방법이다.

가. 정책	나. 목적	다. 비전	라. 규칙
사. 절차	아. 계획안	자. 철학	차. 목표

(5) 조직이 존재하는 사회적 이유로, 기획이 지향하는 도달점을 의미하는 것은? (   )

(6) 구성원이 특별한 상황에서 해야 할 것과 금지해야 할 것을 알려주는 명확한 지침은? (   )

(7) 조직의 바람직한 미래상으로, 실제로 볼 수 없는 것에 대한 정신적 이미지는? (   )

(8) 조직의 의사결정을 안내하고, 업무통제를 도와주며, 조직을 공평하게 운영하게 하는 것은? (   )

(9) 표준화된 업무행위의 지침을 제공함으로서, 효율성이 증가되고 통제와 조정에 도움이 되는 것은?
     (   )

(10) 조직의 체제를 바로 서게 하여 무너지는 도덕 유지에 필요하나, 유연성이 적어 경직되기 쉬운 것은?
     (   )

(11) 「낙상율을 전년도보다 3% 감소시킨다」는? (   )

(12) 「인간생명의 존엄성과 인간의 기본권리를 존중한다」는? (   )

(13) 「국민이 건강하고 질 높은 삶을 영위할 수 있도록 한다」는? (   )

(14) 간호사는 근무 중에는 유니폼을 착용해야 하고, 교대 근무시간은 각 8시간이다. (   )

(15) 「국민과 함께 하는 21세기 초일류 병원」, 「세계와 함께 하는 초일류 간호부」는? (   )

(16) 「환자의 간호요구를 최대한 충족시킬 수 있도록 양질의 간호를 효율적으로 제공한다」는? (   )

(17) 「휴가는 1년 후부터 매년 1일씩 증가하며, 최대 30일이고, 1회에 5일 이상을 초과할 수 없다」는?
     (   )

Reveiw Test 03

01 기획 과정을 순서대로 나열하시오.

(→   →   →   →   →   →   )

가. 최종안 결정	나. 간호목표 설정	다. 현황분석 및 문제 확인	라. 수행
마. 선택안의 계획 수립	바. 평가와 회환	사. 대안의 탐색과 선택	

02 기획의 과정 및 유형에 대해 답하시오.

가. 전술적 기획   나. 전략적 기획   다. 운영적 기획   라. 상용계획   마. 단용계획
(1) 전략적 기획을 위한 수단을 기획하는 것은? (   )
(2) 실제 업무수행에 필요한 활동계획을 작성하는 기획은? (   )
(3) 조직 전체의 활동 및 자원을 배분하는 데 관련된 기획은? (   )
(4) 전술적 기획을 구체화하며, 스케줄과 간호단위예산 등을 수립하는 것은? (   )
(5) 위험하고 불확실한 환경에서 혁신적이고 적응적인 기획을 하는 것은 무슨 기획인가? (   )
(6) 사업수준과 부서별 기획으로, 실무나 인력과 관련된 방침, 절차, 규칙을 기획하는 것은? (   )
(7) 조직의 자원과 기능을 조직의 내외적 환경변화가 지닌 기회와 위기에 맞추는 것은? (   )
(8) 프로그램이나 프로젝트 등 특정목표를 달성하기 위한 계획은? (   )
(9) 정책, 절차, 규칙 등 반복해서 수행되는 과업의 지침을 제공하기 위한 계획은? (   )

03 기획 틀린 부분이 있으면 고치시오.

(1) PERT는 기획과 조직을 하는 데 사용되는 기획방법으로, 복잡한 대규모 일과성 사업에 사용된다.

　　(　　) _____

(2) 간트도표는 사업활동과 그 활동의 배열에 초점을 두나, 한 개의 완성시간을 추정한다.

　　(　　) _____

(3) 목표를 설정하고 목표를 프로그램화한 후 각 계획의 비용을 예산에 반영하는 기획기법은 PERT이다.

　　(　　) _____

(4) 다른 작업간의 관계나 상호의존도는 표기되지 않으나, 계획과 실제 업무 진행결과를 비교하는 통제수단으로 사용되는 것은 진행표이다. (　　) _____

04 MBO에 대한 설명에 답하거나, 틀린 부분이 있으면 고치시오.

(1) MBO는 드러커가 처음 도입했고, ① _____의 ② _____ 이론을 기초로 스스로 작업수행에 최선을 다하게 하는 동기부여적 제도이다.

(2) 세 가지 구성요소는 ① _____ 설정, 구성원 ② _____, ③ _____이다.

(3) 목표는 (① **단기적 / 장기적**)이고, (② **X론적 / Y론적**) 인간관을 가지며, (③ **최종적으로 / 정기적으로**) 피드백 한다.

(4) 조직의 목표와 개인의 목표를 합치해 나가는 과정으로, 일선관리자의 적극적 지원이 필요하다.

　　(　　) _____

(5) 기획과 조직을 통합하기 위한 기법이다. 　　(　　) _____

(6) 계량화할 수 있는 목표는 무시되는 경향이 있다. (　　) _____

(7) 산출중심의 시각이며, 환경변화에도 이전 목표를 고집하여 목표의 신축성이 낮다.

　　(　　) _____

(8) 목표설정이 용이하지 않으며, 객관적인 직무수행평가가 가능하여 평가에 대한 불만이 감소되고, 지휘가 용이하다. 　　(　　) _____

(9) 현재보다 높은 목표 설정으로 능력개발이 촉진되고, 성과에 대한 책임소재가 불명확하다.

　　(　　) _____

(10) 인간중심주의와 과정중심주의 관리방식에 경험이 없을 때는 강한 저항감을 초래할 수 있다.

　　(　　) _____

05 의사결정에 대한 옳은 답을 고르시오.

⑴ 의사결정의 특성에는 (**선택적 행위** / **보편적 과정** / **정태성** / **계속성** / **정신적 과정**)이 있다.

⑵ 의사결정은 (**문제해결** / **대안선택** / **상황분석**) 없이 이루어질 수 있다.

⑶ 일반적인 의사결정과정은 "문제인식 – (**자료수집** / **대안개발 및 선택** / **대안평가**) – 대안 실행 – 결과 평가"이다.

⑷ 의사결정자가 보유한 정보의 양, 문제해결능력, 동기부여 등 의사결정자의 특성이 영향을 미치는 단계는 (**문제인식** / **대안의 개발 및 선택** / **대안의 실행** / **결과의 평가**) 단계이다.

⑸ 의사결정은 (① **원인분석** / **대안선택** / **상황평가**), 문제해결은 (② **상황분석** / **대안선택** / **대안의 독창성**)에 초점을 두고, 비판적 사고는 (③ **상황분석** / **상황평가** / **대안의 독창성**)에 초점을 둔다.

⑹ 구텐베르그에 의하면, 각 대안에 대한 결과 예측이 확실하지 않으나, 객관적인 확률이 주어지는 상황에서의 의사결정은 (**불확실한 상황의 의사결정** / **확실한 상황의 의사결정** / **위험 상황의 의사결정**)이다.

가. 업무적 의사결정	나. 전략적 의사결정	다. 관리적 의사결정	라. 합리적 의사결정

⑺ 현행 업무의 수익성 극대화가 목적인 의사결정은? (   )

⑻ 자원을 조직하는 과정에서 조직기구의 관리, 자원의 조달 및 개발에 관한 의사결정은? (   )

⑼ 자원배분과 관련된 의사결정으로, 대부분 비정형적이고 비구조적인 의사결정은? (   )

⑽ 구조화정도가 높고, 일상적이고 반복적인 의사결정을 하는 경우는? (   )

⑾ 포괄적이고 장기적으로 새로운 사업의 선택, 새로운 기술의 선택과 관련된 의사결정은? (   )

⑿ 실제로 완전한 합리성 추구가 불가능하므로 최적의 의사결정보다 만족스러운 의사결정을 추구하는 모형은? (   )

06 개인의사결정과 관련된 내용은 A, 집단의사결정과 관련된 내용은 B로 표기하시오.

(1) 자율적인 조직기반을 구축한다. (　　　)

(2) 개인의 창의성이 제한받을 수 있다. (　　　)

(3) 책임소재의 명확함을 요구하는 경우 효과적이다. (　　　)

(4) 대안의 결과에 합법성과 수용성이 높다. (　　　)

(5) 합리성이 낮고 질서정연하지 못하다. (　　　)

(6) 조직구성원들의 창의성이 증진한다. (　　　)

(7) 의사결정의 신속성과 창의성, 비용감소가 요구되는 경우 효과적이다. (　　　)

(8) 의사소통의 기능을 수행하고, 만족과 지지를 쉽게 얻을 수 있다. (　　　)

(9) 분업이 필요하고, 복잡하고 전문성을 요하는 문제에 효과적이다. (　　　)

07 집단의사결정 기법에 대한 옳은 답을 고르시오.

| 가. 브레인스토밍 | 나. 전자회의 | 다. 델파이기법 |
| 라. 명목집단기법 | 마. 스토리보딩 | 바. 집단노트 |

(1) 얼굴을 보지 않고 서면으로 내용을 작성하고 의견을 취합하는 방법을 반복하는 것은? (　　　)

(2) 함께 모여서 대화나 토론없이 아이디어를 문서로 작성하여 제출 후 최종 결정을 내리는 것은?
(　　　)

(3) 창의적인 대안개발에 사용하며, 문제해결을 위한 아이디어를 얻기 위해 대면적으로 하는 방법은?
(　　　)

(4) 컴퓨터로 자신의 의견을 입력하는 방법을 사용하여, 컴퓨터 기술과 명목집단기법을 혼합한 것은?
(　　　)

(5) 우편으로 전문가들의 의견을 들어 전문가의 상호영향력을 배제하면서 조율하여 의사결정하는 방법은?
(　　　)

01 빈칸에 알맞은 답을 적거나, 옳은 답을 고르시오.

(1) 재무관리란 자금을 합리적으로 ① _____ 하고 조달된 자금을 효율적으로 ② _____ 하여, 기업 ③ _____ 를 극대화하는 것이다.

(2) 재무관리의 기능에는 (**재무계획기능 / 자본지출기능 / 재무통제기능 / 자본조달기능 / 투자결정기능**)이 있다.

02 재무관리에 대하여 아래 빈칸을 채우거나, 옳은 답을 표기하시오.

가. 대차대조표	나. 손익계산서	다. 현금흐름표	라. 재무제표	마. 재무상태
바. 경영성과	사. 자산	아. 수익	자. 부채	차. 자본
카. 비용	타. 비용-이익분석			

(1) 기업의 재무상태와 경영상태를 파악하는 기본적인 회계자료는 (   )이다.

(2) 손익계산서는 (① **일정시점 / 특정기간**)의 ②(   )를 측정하는 방법이며, 대변에 ③(   ), 차변에 ④(   )가 표기된다.

(3) 대차대조표는 (① **일정시점 / 특정기간**)의 기업의 ②(   )를 설명하는 것으로, 대변에 ③(,   ), 차변에 ④(   )를 표기한다.

(4) 비용과 이익에 대한 예측이 불확실한 경우 사용하며, 이를 통해 손익분기점을 발견하는 것은 (   )이다.

(5) 기업의 채무상환능력과 유동성에 대한 정보를 제공하며, 신뢰성이 높아 기업이익평가에 유용한 것은 (   )이다.

(6) 기업 재무구조의 건전성과 기업의 경제적 자원에 대한 정보를 제공하는 것은 (   )이다.

(7) 기업의 경영계획 및 배당정책을 수립하는 자료가 되고, 기업의 수익력을 파악할 수 있는 것은 (   )이다.

(8) 회계기간의 영업활동, 투자활동, 재무활동으로 구분하여 조성한 현금과 사용한 현금을 정리한 것은 (   )이다.

03 옳은 답을 고르시오.

원가(비용)에서 환자 수(조업도)에 따라 변하지 않는 비용은 (① **변동비용 / 고정비용**)이며, 원가대상에 대해 원가를 추적할 수 있는 경우는 (② **직접비용 / 간접비용**)이다.

04 빈칸에 알맞은 답을 적거나, 옳은 답을 고르시오.

(1) 회계연도 동안 조직의 계획을 종합하여 금액으로 표현해 놓은 업무계획서는 _____ 이다.

(2) 예산의 기능은 기획과 _____ 이다.

(3) 예산수립과정은 예산편성 – ①_____ – ②_____ – ③_____ – 결산 및 피드백 – ④_____ 이다.

(4) 예산의 원칙에는 (책임의 원칙 / 재량의 원칙 / 일원적 절차의 원칙 / 보고의 원칙 / 시기 절대성의 원칙 / 계획의 원칙) 등이 있다.

05 예산편성방법에 대한 설명에 옳은 답을 고르시오.

가. 영기준 예산제 나. 기획예산제 다. 점진적 예산제
라. 품목별 예산제 마. 성과주의 예산제

(1) 의사결정의 질이 향상되며, 자원의 최적배분을 달성할 수 있는 방법은? (   )

(2) 무엇을 성취하는가에 초점을 맞추어, 수단보다 목적을 강조하는 방법은? (   )

(3) 예산을 통제할 목적으로 지출대상과 성질을 기준으로 세분화하는 방법은? (   )

(4) 예산의 집행에 신축성이 있으나, 업무측정단위를 설정하기 어려운 예산제는? (   )

(5) 중요사업에 대한 집중지원이 가능하며, 예산의 감축기능 중심의 예산제는? (   )

(6) 장기계획수립과 예산편성을 연관시켜 의사결정을 합리적으로 일관성 있게 하려는 예산편성방법은?
(   )

(7) 부서별/사업별 활동을 확인하고 체계적으로 분석하여 높은 우선순위의 활동에 예산을 배정하는 방법은? (   )

(8) 전문지식이 없이도 간단/신속하게 수행할 수 있으나, 가동되지 않는 활동에도 자금할당이 가능한 방법은? (   )

06 간호부 예산에 대한 설명으로 옳은 것을 고르시오

가. 인력예산	나. 운영예산	다. 자본(지출)예산	라. 현금예산

(1) 두 번째로 큰 영역, 회계연도 동안 조직의 일상적 운영을 유지하는 데 필요한 비용에 대한 예산은?
(   )

(2) 병원의 투자나 임금, 세금, 이자 지급 등을 위한 예산은? (   )

(3) 제공하는 노동력에 대한 비용으로, 예산 중에서 가장 큰 비중을 차지하는 예산은? (   )

(4) 수명이 1년 이상으로 긴 장기예산을 중요 비품이나 거액을 요하는 시설의 구매나 건축적인 쇄신에 지출되는 예산은? (   )

(5) 1년 이내 소비하거나 사용할 서비스와 재화가 포함. 즉, 환자간호에 직·간접으로 사용되는 비용은?
(   )

(6) 토지, 건물, 시설투자, 신제품 개발, 사업 확장, 연구개발, 광고비, 시장조사비 등에 대한 투자는?
(   )

07 우리나라 의료수가와 관련하여 빈칸을 채우거나 옳은 답을 고르시오.

(1) 의료서비스 항목이나 수량과 관계없이 사례에 기초하여 진료비를 지불하는 방식은 ＿＿＿＿＿＿＿＿이다.

(2) 각 의료서비스에 필요한 의사 서비스의 투입자원을 계산하여 상대가치를 측정보상해 주는 방법은
＿＿＿＿＿＿이다.

(3) 상대가치수가제도는 진료행위별 상대가치를 (① **점수** / **환산지수**)로 매기고, 여기에 (② **기본단가** / **점수**)를 곱하여 계산한다.

(4) 상대가치수가제도에서 진료행위의 상대가치 측정기준에는 (**행위 소요시간** / **인력확보수준** / **육체적 노력** / **환자 위급성** / **위험성에 따른 스트레스** / **임상인력 인건비** / **치료 재료비** / **연구개발비** / **기술** / **의료사고 위험도**) 등이 있다.

(5) 우리나라 질병군별 포괄수가제 대상 질병군은 (**수정체수술** / **제왕절개술** / **담낭절제술** / **서혜 및 대퇴부 탈장수술** / **편도선수술** / **충수절제술** / **갑상선 절제술** / **자궁수술** / **항문수술**) 등이 있다.

(6) 간호료 산정을 위한 추가 업무가 없어 진료비관리 운영이 편리하고, 국민의료비 억제가 가능한 방법은
(**행위별 수가** / **포괄수가제** / **방문당 수가**)이다.

(7) 신포괄수가제는 입원비와 처치 등 기본적인 서비스는 ①＿＿＿＿＿＿을 적용하고, 고가의 서비스와 의사의 시술/수술에 대해서는 ②＿＿＿＿＿＿ 수가를 적용하는 혼합형 지불제도로, 현재 ③＿＿＿＿개 질병군에 적용하고 있다.

01 의료/간호수가와 관련된 아래 질문에 답하시오.

(1) 환자간호에 들어간 총비용을 총 환자재원일수로 나누어 환자1당 1일 평균비용을 산출하는 방법은 ① _____ 수가이며, (② **간호관리료 / 방문당 수가 / 행위별 수가 / 노인장기요양보험 시설수가**)에 해당된다.

(2) 방문당 수가에는 1, ① _____의 기본방문료와, 2. 노인장기요양보험의 ② _____ 수가가 있으며 이 수가는 (③ **방문 시간당 / 방문 건당**) 수가이다.

(3) 장기요양시설 입소 환자는, 노인장기요양보험의 ① _____수가가 적용되며, 이는 ② _____ 수가이다.

02 간호관리료 차등제와 관련된 질문에 빈칸을 채우고, 옳은 답을 고르시오.

(1) 간호관리료는 ① _____ 수가로, ② _____ 확보수준에 따라 차등지급한다.

(2) 일반병동 간호관리료는 1999년 ① _____ 등급으로 시작하여, ② _____년 7등급으로 변경되면서 ③ _____ 제도가 시작되었고, 2008년 ④ _____별 차등제가 실시되었다.

(3) 일반병동 간호관리료 차등제는 직전 분기 평균 ① _____ 대비 해당 병동에서 간호업무에 종사하는 직전 분기 평균 ② _____ (③ _____ 대 ④ _____의 비)에 따라 간호인력확보수준을 등급별로 구분하여 적용한다.

(4) 일반병동 간호관리료 차등제에서 의원, 치과의원, 한의원, 보건의료원은 일반병동의 직전 분기 평균 ① _____ 대비 해당 병동에서 간호업무에 종사하는 직전 분기 평균 ② _____ (③ _____ 대 ④ _____의 비)에 따라 간호인력확보수준을 등급별로 구분하여 적용한다.

(5) 일반병동 간호관리료 차등제에서 _____은 6등급으로 감산이 없다.

(6) 일반병동 간호관리료 차등제에서 상급종합병원과 종합병원은 _____등급이 기준등급이다.

(7) 일반병동 간호관리료 산정현황을 미제출한 (① **상급종합병원 / 종합병원 / 병원 / 의료취약지역 병원**)은 3등급의 (② **50% / 30% / 15%**)를 감산한다.

(8) 일반병동 간호관리료 차등제에서 '일반병동'이란 (**응급실 / 소아과 / 신생아실 / 분만실 / 산부인과 / 회복실 / 중환자실 / 집중치료실 / 격리실 / 외과 / 무균치료실 / 인공신장실 / 낮병원 / 납차폐특수치료실**)을 제외한 병상이다.

⑼ 신생아 중환자실은 ① ＿＿＿＿＿＿＿년에 ② ＿＿＿＿등급으로, 소아 및 성인 중환자실 간호관리료는 ③ ＿＿＿＿＿＿년에 9등급으로 시작되었다.

⑽ 상급종합병원의 경우, 신생아 중환자실은 ① ＿＿＿등급부터 ② ＿＿＿등급까지 있으며, ③ ＿＿＿등급이 기준 등급이다.

⑾ 신생아 중환자실은 산정현황 미제출시 ① ＿＿＿등급의 ② ＿＿＿%를 감산한다.

⑿ 간호간병통합서비스는 안전하고 질 높은 간호를 제공하고, ① ＿＿＿＿＿＿＿을/를 예방하기 위해 ② ＿＿＿＿＿＿ 차원에서 추진한다.

⒀ ① ＿＿＿＿ 의료기관 중 (② **병원 / 치과병원 / 한방병원 / 요양병원 / 종합병원 / 정신병원**)은 간호 간병통합서비스를 제공하도록 노력하여야 하나, ③ ＿＿＿＿＿＿＿＿＿＿＿＿＿＿＿ 병원급 의료기관은 간호간병통합서비스를 제공하여야 한다.

⒁ 간호간병통합서비스는 보호자 등이 상주하지 않고 (**간호사 / 전문간호사 / 간호조무사 / 병동지원인력 / 재활지원인력**)에 의하여 포괄적으로 제공되는 입원서비스이다.

⒂ 간호간병통합서비스는 (① **병원단위 / 부서단위 / 병동단위**)로 제공되며, 업무분담은 (② **사례관리 / 팀간 호체계 / 기능적 업무분담**)방법으로 제공된다.
간호간병통합서비스 수가체계는

입원관리료	의학관리료 + 병원관리료 + 정책가산
(③)	(④) + 정책가산

03 시간관리에 관한 설명으로 옳은 것을 고르시오.

⑴ (① **제2세대 / 제3세대 / 제4세대**) 시간관리에서는 인간관계의 유지증진, 결과의 달성을 중시하고, (② **제2세대 / 제3세대 / 제4세대**) 시간관리에서는 우선순위와 목표설정, 효율성을 중시한다.

⑵ 시간관리의 핵심은 (**1상한 / 2상한 / 3상한 / 4상한**) 위주로 시간을 관리하는 것이다.

⑶ 2상한에는 (**생산능력활동 / 긴급회의 / 오락과 휴식 / 기간이 정해진 프로젝트 / 예방 / 위기 / 교육 / 우편물 / 인간관계 구축 / 응급처치 / 중장기계획**) 등이 포함된다.

04 옳은 답은 O, 틀린 답에는 X로 표기하고 고쳐 쓰시오.

(1) 조직의 목적달성을 위해 노동과 기능분화를 하면서 권한과 책임계층을 통해 많은 사람의 활동을 합리적으로 조정하는 것은 기획이다. (　　) _____

(2) 명령통일의 기능은 명령을 통일하고, 권한 및 책임의 위임경로, 조직분쟁의 해결통로이다.
(　　) _____

(3) 통솔범위의 원리는, 조직의 장이 조직을 전체적으로 조정할 수 있고 책임소재가 분명하나, 기능적 전문가의 영향력이 감소하고 의사소통 시 하급자의 심리적 부담이 가중된다.
(　　) _____

(4) 분업전문화 원리는, 조직의 경직화, 개인의 창의성 및 자율성 저하, 의사소통 왜곡 등의 역기능이 있다.
(　　) _____

05 조직화의 원리에 대한 설명이 옳은 것을 고르시오.

| 가. 조정의 원리　　　　나. 통솔범위의 원리　　　　다. 분업 및 전문화의 원리 |
| 라. 계층제의 원리　　　　마. 명령통일의 원리 |

(1) 부서 간 할거주의가 야기되어 조정과 통합을 어렵게 할 수 있는 원리는? (　　　)

(2) 관리한계의 원칙이라고도 하며, 인간의 주의력 범위를 관리에 적용한 것은? (　　　)

(3) 책임소재가 명백하고 조직의 장이 조직을 전체적으로 조정할 수 있는 원리는? (　　　)

(4) 목표통일의 원리로, 공동 목적을 달성하기 위해 구성원들의 행동을 통일시키는 원리는? (　　　)

(5) 직위별로 권한과 책임의 정도를 등급화하여 명령계통과 지휘 감독체계를 확립한다는 원리는? (　　　)

(6) 업무의 단순화로 업무처리시간과 비용이 절감되나, 일에 대한 흥미와 창의력이 상실되는 원리는?
(　　　)

(7) 조직의 목표 설정, 규정과 절차 마련, 수평부서 간 업무 기능의 통합 등은 무슨 원리에 해당하는가?
(　　　)

(8) 간호부에서 대상자의 유형에 맞춘 특수 간호요구나 의료가 가능하도록 조직을 개편한다면 적용되는 원리는? (　　　)

(9) 환경변화에 대해 신축적인 대응이 어려운 원리는? (　　 ,　　)

06 통솔범위의 원리에 대한 질문에 답하거나, 틀린 답에는 X로 표기하고 옳게 고쳐 쓰시오.

(1) 통솔범위에 영향을 미치는 요인이 아닌 것은? (,   )

가. 조직의 기획과 통제능력	나. 조직의 성과	다. 직무의 표준화정도
라. 통솔자의 능력과 시간	마. 정보전달 능력 및 기법	바. 부하의 권력욕
사. 막료의 지원능력	아. 객관적 표준이용 가능성	

(2) 조직의 정책과 직무, 권한의 명확성이 낮을수록 관리자의 통솔범위가 넓어진다.

(   ) _____

(3) 직무가 복잡하고 창의성을 요구할수록, 통솔범위는 좁아진다. (   ) _____

(4) 수직적(고층) 구조는, 관리폭이 좁고, 자율적 관리를 하며, 질서가 유지되지만, 조직이 경직화된다.

(   ) _____

(5) 수평적(평면) 구조는, 집권화와 Y론적 인간관 및 상향적 의사소통, 개인성장 촉진이 특징이다.

(   ) _____

07 권력과 권한에 대하여 아래 빈칸을 채우시오.

가. 정보적 권력	나. 합법적 권력	다. 연결적 권력	라. 준거적 권력
마. 스탭권한	바. 라인권한	사. 직능적권한	

(1) 권력수용자가 직위에서 나오는 권력을 인정하고 추종할 의무가 있다는데서 생기는 권력은? (   )

(2) 수간호사의 도덕성, 가치관과 성품으로 인해 수간호사를 닮고 싶어 생기는 권력은? (   )

(3) 권력자 측근이 유용한 정보를 소지함으로서 생기는 권력은? (   )

(4) 조직의 목표를 효과적으로 달성하도록 간접적으로 지원하는 권한은? (   )

(5) 막료로 하여금 계선에게 직접 명령을 내릴 수 있는 권한은? (   )

(6) 조직의 수직적 계층구조를 형성하며 목표달성에 직접 책임을 지는 권한은? (   )

08 권한위임에 대한 설명이 옳은 답은 O, 틀린 답에는 X로 표기하고 고쳐 쓰시오.

(1) 전문적인 지식과 기술이 필요한 과업일수록 권한위임이 적어진다. (　　) ＿＿＿＿＿＿＿＿＿

(2) 사안이 중요할수록 권한위임 가능성이 낮다. (　　) ＿＿＿＿＿＿＿＿＿

(3) 조직의 통제기술이 발달할수록 권한의 위임은 낮아진다. (　　) ＿＿＿＿＿＿＿＿＿

(4) 권한의 위임 시에는, 조직구조의 분산으로 조직 전체 비용이 감소한다. (　　) ＿＿＿＿＿＿＿＿＿

(5) 권한 위임은 안정된 상황에서 신속한 결정으로 적절히 대처하게 한다. (　　) ＿＿＿＿＿＿＿＿＿

(6) 권한 위임 시, 최종적인 책임은 권한을 위임받은 자에게 있다. (　　) ＿＿＿＿＿＿＿＿＿

(7) 부하능력 범위 내에서 될수록 적은 양을 위임하며, 주로 예외적인 사항을 위임한다.
　　(　　) ＿＿＿＿＿＿＿＿＿

(8) 권한위임의 결정요인에는 (**과업의 복잡성 / 조직 규모 / 조직계층 / 조직문화 / 비용 / 직무설계 / 통제기술 / 지역분산**)이 있다.

09 조직의 구성요소에 대해 옳은 답을 고르거나, 빈칸을 채우시오.

(1) 공식화는 조직 내 직무가 ＿＿＿＿＿＿＿＿되어 있는 정도를 말한다.

(2) 복잡성은 조직 내에 과업의 ＿＿＿＿＿＿정도를 말하며, 수평적 분화, 수직적 분화, 공간적 분산을 포함한다.

(3) 집권화는 자유재량적인 선택을 할 수 있는 ＿＿＿＿＿＿＿의 배분을 의미한다.

가. 복잡성	나. 집권화	다. 전문화	라. 공식화	마. 단순화

(4) 조직구조의 구성요소는? (　　,　　,　　)

(5) 조직 구성원의 행동을 정형화함으로서 통제가 용이한 것은? (　　)

(6) 통솔범위의 원리와 밀접한 관계를 가지는 조직구조의 구성요소는? (　　)

(7) 직무내용을 정확히 기술한 직무기술서와 명확한 작업절차가 존재하는 조직은 무엇이 높은 조직인가? (　　)

(8) 구성원의 자율성과 창의력을 감소시키며, 관료제의 문제점을 야기하는 조직의 구성요소 두 가지는? (　　,　　)

01 옳은 것을 고르시오.

(1) 비용이 많이 들수록 통제를 위해 (**집권화** / **분권화**) 경향이 커진다.

(2) 급변하는 환경에서 신속한 업무의 처리를 위해서는 (**집권화** / **분권화**)가 좋다.

(3) 구성원의 자율적 참여와 창의성 촉진을 위해서는 (**집권화** / **분권화**)가 좋다.

(4) 조직의 생존이 걸린 위기에 신속히 대처하기 위해서는 (**집권화** / **분권화**)가 좋다.

(5) 조직의 부문화정도가 높을수록, 의사결정이 (**집권화** / **분권화**)된다.

(6) 집권화/분권화에는 (**조직의 규모** / **직무분석** / **조직의 방침** / **직무의 성질** / **외부환경** / **조직변화** / **비용** / **관리자의 능력** / **시장의 분포**) 등이 영향을 미친다.

02 집권화의 장단점에 해당되는 것은 A, 분권화의 장단점에 해당하는 것은 B를 적으시오.

(1) 통일성을 촉진하고, 중복과 혼란을 피한다. (   )

(2) 전문화를 촉진하나 조직 전체의 이익 도모에 어려움이 있다. (   )

(3) 조직의 탄력성을 잃기 쉽고 의사소통 문제를 유발한다. (   )

(4) 높은 통합적 조정과 업무의 일사분란한 대처가 가능한다. (   )

(5) 최고관리자는 중대한 결정에 집중할 수 있으나, 업무의 중복과 비용낭비를 초래한다. (   )

03 알맞은 답을 고르시오.

(1) 일상적이고 규칙적으로 수행되는 업무는 높은 수준의 (**공식화** / **집권화** / **분권화** / **복잡성**)이 요구된다.

(2) 조직구조 설계의 결정요인에는 조직의 (**전략** / **기술** / **규모** / **관리자의 수** / **환경** / **권력 – 통제**)가 있다.

(3) 동태적 환경에서는 구조가 (① **단순** / **복잡**)하고, (② **높은** / **낮은**) 공식화, (③ **높은** / **낮은**) 집권화를 지닌 (④ **기계적** / **유기적**) 구조가 적합하고, 빠르게 변화하는 외적환경에 적응하기 위해서는 조직의 (⑤ **수직적** / **수평적**) 분화를 낮추는 것이 좋다.

(4) 안정된 환경에서는 관리자의 통솔범위가 (① **넓고** / **좁고**), 명령계통을 (② **일원화** / **다원화**)하며, (③ **수직적** / **수평적**) 분화가 높은 (④ **고층** / **저층**) 구조인 (⑤ **기계적** / **유기적**) 조직이 좋다.

(5) 분업적이고 단순한 업무인 경우에는 (① **기계적** / **유기적**) 조직이 좋고, 조직목표와 과제가 모호하고, 성과측정이 어려운 경우에는 (② **기계적** / **유기적**) 조직이 좋다.

04 조직의 종류에 대한 설명이 맞는 것을 고르시오.

가. 라인스탭조직	나. 프로젝트조직	다. 매트릭스조직	라. 직능조직
마. 라인조직	바. 위원회조직	사. 팀조직	아. 프로세스조직
자. 학습조직	차. 네트워크조직		

(1) 고객가치를 가장 이상적으로 반영할 수 있도록 직무를 다시 리엔지니어링하는 조직은? (   )

(2) 명령복종의 관계에 따라 의사결정의 신속화가 가능하여 업무수행이 용이한 조직은? (   )

(3) 조직이 기동성이 있어 기술개발이나 신규사업, 경영혁신이 필요할 때 유용한 조직은? (   )

(4) 조직의 경쟁력 확보를 위해 지식을 창출, 공유, 저장, 폐기하는 능력을 갖춘 조직은? (   )

(5) 중소규모이고, 사용하는 기술이 관례적이며, 기능 간 상호의존성이 낮을 때 유용한 조직은? (   )

(6) 환경변화에 잘 대처하고 자원이용이 효율적이나, 관리자간의 권한문제 해결에 시간이 필요한 조직은?
(   )

(7) 인적 물적 자원의 탄력적 운영이 가능하나, 업무에 대한 일관성을 유지하기 어려운 조직은? (   )

(8) 전통적 조직에 비해 목표를 스스로 결정하고, 정보를 공유하며, 공동책임을 지는 조직은? (   )

(9) 합의성과 민주성으로 합리적 의사결정을 할 수 있으나, 일의 지연과 책임전가가 쉬운 조직은?
(   )

(10) 권한과 책임의 한계가 불명확하고, 행정이 지연되며 비용이 많이 드는 단점을 가진 조직유형은?
(   )

(11) 과업의 성공여부가 조직에 결정적인 영향을 미치는 중요한 과업일 때 적합한 조직은? (   )

(12) 조직들이 자율적이고 유기적인 조직으로 연합하고, 지식/정보의 축적보다 교류를 중시하는 조직은?
(   )

(13) 조직의 규모가 크고 부서 간 의존도가 높으며, 생산과 기능의 전문화가 필요한 경우 적합한 조직은?
(   )

(14) 의사결정시 폭넓은 경험과 소양이 요구되거나, 광범위한 업무분담이 바람직할 때의 조직은? (   )

(15) 수평적 원리에 의한 조직으로, 구성원의 자율성과 창의성을 존중하여 단위부문의 독립성을 확보하는
조직은? (   )

(16) 조직의 개방성, 슬림화, 수평적 통합, 분권화, 혁신을 추구하나, 전략적 행동의 제약이 있는 조직은?
(   )

(17) 장루환자간호 프로토콜 개발을 위해 상처전문간호사, 장루환자간호경력 5년 이상의 외과병동 간호사,
간호교육 담당자 등으로 구성된 조직을 구성한다면, 어느 유형의 조직인가? (   )

05 아래 질문에 옳은 답을 채우거나, 고르시오.

(1) 간호를 조직하여 전달하는 방법은 _____이다.

(2) 표준진료지침(CP)의 개발 활용이 적합한 경우는 (두 개 이상의 진단명을 지닌 환자 / 고위험과 고비용이 드는 질병 / 진료과정에 변이가 많은 경우 / 계획된 시간 틀이 짜여져 있는 경우 / 비슷한 처치와 자원이 요구되는 환자)이다.

가. 일차간호방법	나. 사례관리	다. 기능적분담방법	라. 팀간호
마. 모듈간호	바. 사례방법	사. 매니지드 캐어	

(3) 비용절감과 질 보장을 목적으로 환자가 최적의 기간 내에 기대하는 결과에 도달할 수 있는 방법은?
(   )

(4) 간호사 한 사람이 특정 유형의 업무들을 분담받아 근무시간 동안에 수행하는 방법은? (   )

(5) 주축인 1명의 면허간호사와 1~2명의 간호보조인력으로 구성되어 분담받은 환자의 입원부터 퇴원까지 모든 간호를 담당하는 방법은? (   )

(6) 가정간호나 호스피스간호에도 적용이 가능하며, 수간호사가 조정자 역할을 하는 간호전달체계는? (   )

(7) 각자의 업무수행에 자율성이 확보되고, 구성원간 의사소통을 통해 양질의 간호를 제공하는 방법은?
(   )

(8) 대형 지진으로 수백명의 환자가 갑자기 병원에 몰려왔을 때, 가장 효과적인 간호전달체계는? (   )

(9) 분담된 환자에 대한 전인간호를 실시하나, 간호사의 근무교대로 인한 연계성의 확보가 어려운 방법은?
(   )

(10) 임상경로(CP)를 이용하여 불필요한 의료서비스는 제외하면서 서비스의 질은 감소되지 않도록 하며, 비용이 제한된 환경에서 비용절감이 목적인 방법은? (   )

(11) 대상자의 서비스 욕구를 충족시키기 위해 건강사정, 계획, 서비스를 획득하고 전달하며, 서비스 조정 및 감시를 하는 것으로 대상자 요구 중심적인 방법은? (   )

(12) K간호사는 3명의 환자를 분담받아 입원에서 퇴원까지 총체적으로 간호를 하며, 비번인 경우 다른 간호사에게 업무수행 지시를 한다. 일은 어렵지만, 일에 대한 만족도는 높은 방법은? (   )

(13) 특정기간에 수행될 건강관리팀의 의무와 이를 통해 기대되는 환자의 결과를 미리 예상하여 건강서비스를 제공하는 것으로, 질적 간호를 제공하면서 비용을 절감하는 방법은? (   )

(14) 동료교육이나 배울 기회가 있어 능력이 향상될 수 있으나, 업무조정/감독에 시간이 많이 드는 방법은?
(   )

(15) 환자뿐만 아니라 타 건강전문인의 만족도는 증가하나, 간호인력의 모집/유지에 어려움이 있는 것은?
(   )

(16) 입원환자의 재원기간 단축과 비용이 감소하나, 진료과정의 표준화로 진료의 자율권 침해가 가능한 것은? (,   )

06 조직문화에 대한 내용으로 옳은 것을 고르시오.

(1) 조직문화는 구성원의 공유가치와 신념으로, (조직변화 / **구성원의 사고와 행동** / 관리스타일)을 결정하는 요인이다.

(2) 조직문화는 (**학습됨** / 개별성 / **지속적** / **고유성** / 자연적 조성 / **변화저항적** / **주체적 노력의 결과** / 조직에 대한 개인의 지각)의 특성이 있다.

(3) 조직문화는 다수에 의해 공유됨으로서 (**집단적인** / 개인적인 / 초개인적인) 특성을 나타낸다.

(4) 조직문화의 기능은 구성원의 행위를 안내하고, 조직에 대한 (창의성 / **정체성** / 자발성)을 심어준다.

가. 구성원	나. 기술	다. 과정	라. 관리시스템	마. 공유가치
바. 리더십스타일	사. 구조	아. 직무	자. 전략	

(5) 파스케일과 피터스의 조직문화의 구성요소(7S)가 아닌 것은? (　　,　　)

(6) 조직의 장기목적과 계획, 이를 달성하기 위한 자원분배 패턴을 포함하는 것은? (　　)

(7) 조직의 전략수행에 필요한 틀로, 조직구조, 권한관계, 방침, 직무설계 등이 포함되는 것은? (　　)

(8) 리더와 구성원 간의 상호관계, 동기부여, 조직분위기, 업무성과에 직접적 영향을 미치는 것은? (　　)

(9) 조직의 의사소통, 의사결정, 조정, 통제 시스템 등 조직의 목적을 달성하는데 적용되는 모든 제도는?
(　　)

07 레빈(Lewin)의 조직변화 과정에 대한 설명이 맞는 것을 고르시오.

가. 균형단계	나. 변화단계	다. 불균형단계	라. 재결빙단계	마. 해빙단계

(1) 어떻게 목표를 달성할 것인지 결정하고 대안을 실천하며, 동일시와 내면화가 이루어지는 단계는?
(　　)

(2) 관리자는 지속적인 주시를 통해 보상을 주어 변화된 상태를 안정화시키는 것이 필요한 단계는? (　　)

(3) 변화의 필요성과 문제를 인식하고 변화하고자 하는 동기를 갖는 단계는? (　　)

08 베니스(Bennis)의 조직변화 유형에 대한 설명이 옳은 것을 고르시오.

가. 주입식 변화	나. 계획적 변화	다. 상호작용적 변화
라. 기술적 변화	마. 사회화 변화	바. 경쟁적 변화

⑴ 부서 간 권력에 대한 동일시와 경쟁에 의한 변화는? (   )

⑵ 통계자료 분석 후 그 결과에 의거해 일어나는 변화는? (   )

⑶ 개인이나 집단이 그가 속한 사회 혹은 집단의 요구에 의해 일어나는 변화는? (   )

⑷ 권력자와 피권력자 간 상호 대등한 입장에서 공동목표를 설정하고 충분한 숙고에 의한 변화는?
(   )

⑸ 권력자와 피권력자 간 상호 대등한 입장에서 공동목표를 설정하나 숙고없이 무의식중에 일어나는 변화는? (   )

09 조직변화를 접근방법에 대한 질문에 옳은 답을 고르시오.

⑴ 계획된 조직변화를 위한 접근으로는 (**구조적 / 기술적 / 전략적 / 인간적**) 접근이 있다.

⑵ 조직의 신설/폐지, 권한과 책임범위 재조정, 명령연쇄의 변경, 공식화 등을 변화시키는 것은 (① **구조적 / 기술적 / 과정적**) 접근이고, 행정전산망 등 장비/수단개선, 직무처리순서 등 업무수행절차와 처리기술을 변화시키는 것은 (② **구조적 / 기술적 / 인간적**) 접근이다.

⑶ OCS를 최신버전으로 업그레이드하는 것은 (① **구조적 / 기술적 / 과업적**) 접근이고, 간호수가를 교육하여 이를 올바로 적용토록 하는 것은 (② **구조적 / 기술적 / 인간적**) 접근이며, 중환자실 음압병실수를 법적 기준에 따라 증가하는 것은 (③ **구조적 / 기술적 / 과업적**) 접근이고, 일선관리자들의 의사결정에 대한 자유재량권을 확대하는 것은 (④ **구조적 / 기술적 / 과업적**) 접근이다.

10 계획적 조직변화의 전략에 대한 설명이 옳은 것을 고르시오.

가. 규범-재교육적 전략	나. 동지적 전략	다. 경험-합리적 전략
라. 정책적 전략	마. 공학기술적 전략	바. 권력-강제적 전략
사. 경제적 전략	아. 학문적 전략	

(1) 효과적인 간호방법을 도입하기 위해 연구결과나 이론을 적용하는 전략은? (   )

(2) 높은 사회적 요구와 자존감을 필요로 하는 사람들에게 적용되는 변화전략은? (   )

(3) 구성원이 어떤 이득을 볼 수 있는지를 보여줌으로서 변화를 유도하는 전략은? (   )

(4) 간호단위의 구조를 변경하는 등 환경을 변화함으로서 개인을 변화시키는 전략은? (   )

(5) 권력구조를 확인하여 정책결정이나 실행에 영향력이 있는 사람의 권력을 이용한 전략은? (   )

(6) 실무교육이나 변화촉진자-구성원 간의 인간관계를 통해 구성원들의 가치관/태도변화에 주안점을 두는 전략은? (   )

11 조직변화에 대한 저항을 관리하는 방법과 적용되는 상황이 맞는 것을 고르시오.

가. 참여와 개입	나. 교육과 의사소통	다. 협상과 동의
라. 조작과 호선	마. 촉진과 지원	바. 강압

(1) 신속한 변화가 필요하고 변화담당자가 상당한 힘을 가질 때의 관리방법은? (   )

(2) 사전에 변화의 필요성과 변화방법, 변화결과에 대한 설명회를 개최하는 방법은? (   )

(3) 변화에 저항할 상당한 힘을 가진 구성원 몇몇이 저항할 때, 저항자에게 자극을 주는 방법은? (   )

(4) 저항하는 사람에게 중요한 직위를 부여하여, 반대방향으로 힘을 행사하지 못하게 하는 방법은? (   )

(5) 조직의 변화에 대한 정보가 없거나, 부정확한 정보와 분석결과를 가지고 있을 때 관리방법은?
 (   )

(6) 조정문제로 새로운 기술 훈련, 정서적 지원, 상담을 제공하거나, 의견을 들어주고 시간을 더 주는 방법은?
 (   )

(7) 변화에 대한 의사결정에 당사자들을 참여시켜 의사소통 및 정보를 전달하며 사기와 협조심을 일으키는 방법은? (   )

12 리커트(Likert)의 조직 유효성 변수에 옳은 답을 고르시오.

가. 투입변수	나. 매개변수	다. 산출변수
(1) 노사관계　　(　　)	(2) 조직의 기술　　(　　)	(3) 조직몰입　　(　　)
(4) 목표에의 추종 (　　)	(5) 동기부여　　(　　)	(6) 리더십 전략　(　　)
(7) 서비스 비용 (　　)	(8) 리더십 숙련성 (　　)	

13 직무관리와 관련한 질문에 답하시오.

(1) 특정한 직무가 갖는 상대적 가치를 측정하여 지위 및 급여 산출의 자료가 되는 것은?
　　(　　　　　　　　)

(2) 조직 내 직위의 직무의 특성과 직무 수행에 요구되는 인적 특성을 규명하는 것은?
　　(　　　　　　　　)

(3) 직무내용, 직무방법, 조직 내 요구와 사회적 요구, 직원 개인의 요구간의 관계를 구체화시킨 것은?
　　(　　　　　　　　)

14 직무설계와 관련한 질문에 답하시오.

가. 직무순환　　나. 직무확대　　다. 직무특성모형　　라. 직무단순화　　마. 직무충실화
(1) 직무내용의 다양화, 자율성과 책임부여, 개인적 성장기회의 제공 등의 방법을 사용하는 것은? (　　)
(2) 직무를 조직 전체에서 생각할 수 있고, 새로운 지식과 기술을 배울 수 있는 방법은? (　　)
(3) 직무내용 자체가 도전감, 성취감, 인정감, 책임을 제공함으로서 동기부여하는 방법은? (　 ,　)
(4) 구성원의 싫증해소에 효과적이며, 자존심, 자아실현 욕구가 높은 사람에게 적합한 방법은? (　　)
(5) 개인 간 차이의 다양성을 고려하고, 직원에게 더 많은 자율, 책임, 통제권을 주기 위한 직무설계방법은?   　　(　　)
(6) 직무충실화로 동기부여가 효과적인 사람은 (**존재욕구 / 자아실현욕구 / 친교욕구 / 소속욕구**)가 높은   사람이다.

01 핵크맨 & 올드햄의 직무특성모형에서, 아래 빈칸을 채우시오.

개인의 (①) 욕구

핵심직무특성	중요심리상태	개인 및 직무수행 성과
기능의 (②)	과업에 대한 (⑦) 경험	동기유발 자아실현 직무만족 결근/이직률 감소
과업의 (③)		
과업의 (④)		
과업의 (⑤)	업무결과에 대한 (⑧) 경험	
(⑥)	업무결과에 대한 (⑨)	

02 직무분석에 대한 옳은 답을 고르시오.

(1) 직무분석의 목적은 (권한과 책임의 한계 명확화 / 동기부여 / 직원의 합리적 채용 / 인사고과 / 직무급 결정 / 의사소통 개선 / 작업조건 개선 / 직원 교육훈련)의 기초자료로 활용된다.

가. 면담법	나. 중요사건방법	다. 점수법
라. 작업표본방법	마. 질문지법	바. 관찰법

(2) 단순한 관찰법을 세련되게 개발한 것으로, 특정기간동안 일정 간격을 두고 관찰, 기록하는 법은?
( )

(3) 조사대상이 폭넓고 자료수집 비용이 적으며, 관찰법으로 수집이 어려운 자료를 수집할 수 있는 방법은?
( )

(4) 비교적 정확하고 객관적인 정보수집이 가능하나, 지적/정신적 직무 파악에 문제를 지닌 방법은?
( )

(5) 성공적인 직무수행에 결정적인 역할을 한 사례를 중심으로 난이도, 빈도, 중요도, 기여도를 평가하여 효과적인 행동 패턴을 추출하여 직무를 분석하는 방법은? ( )

03 직무기술서에 해당되는 것은 A, 직무명세서에 해당되는 것은 B를 적으시오.

(1) 위험성 (   )   (2) 의사소통능력 (   )   (3) 감독/책임 (   )   (4) 작업조건 (   )

(5) 교육/경험 (   )   (6) 물품/서식 (   )   (7) 숙련 (   )   (8) 정서적 특성 (   )

04 직무평가 방법에 대한 옳은 답을 고르시오.

가. 직무분류법	나. 서열법	다. 점수법
라. 작업표본방법	마. 질문지법	바. 요소비교법

(1) 직무를 보상요소별로 분류한 후 화폐금액으로 표시하는 직무평가 방법은? (   )

(2) 평가요소를 선정하고 가중치를 부여하여 화폐로 환산하는 직무평가 방법은? (   )

(3) 표준척도 없이 직무별 중요도와 가치를 종합적으로 비교하는 방법은? (   )

(4) 직무등급을 1~4등급으로 나누고, 등급기술서를 작성하여 평가한다면 무슨 방법인가? (   )

05 인적자원관리 과정에 해당되는 답을 고르시오.

가. 직무관리	나. 확보관리	다. 개발관리	라. 보상관리	마. 유지관리

(1) 이직관리 (   )   (2) 직무평가 (   )   (3) 승진 (or   )

(4) 직무수행평가 (   )   (5) 보상관리 (or   )   (6) 복리후생 (   )

(7) 직원훈육 (   )   (8) 인력수요예측 (   )   (9) 노사관계/협상 (   )

06 인적자원관리 관련 개념에 대해 옳은 답을 고르시오.

가. 인사관리	나. 인적자원관리	다. 전략적 인적자원관리

(1) 인적자원의 개발과 활용을 강조하고, 인사부서는 독립적인 역할을 수행한다. (   )

(2) 인적자원을 통제하고 감시하는 비용의 관점이다. (   )

(3) 인적자원관리 활동에 비용효과성에 대한 평가까지 이루어져야 한다. (   )

(4) 인적자원이 조직의 목적과 비전을 반영하여 조직의 성과에 기여하도록, 전반적인 전략경영과정과 통합하고 연계하는 데 중점을 둔다. (   )

07 길리스의 인력산정방법에 대한 설명에 옳은 답을 고르시오.

가. 관리공학적 방법	나. 서술적 방법	다. 산업공학적 방법

(1) 업무수행빈도와 난이도, 병원수용능력, 병원예산 등의 정보를 분석하여 인력을 산정하는 방법은? (   )

(2) 의료법의 기준에 근거하여 필요한 간호인력을 산정하였다면, 무슨 방법에 의한 것인가? (   )

(3) 환자를 중증도별로 분류하고 각 군별 간호표준을 기술하여 업무량을 측정하는 방법을 사용하는 것은?
(   )

(4) 모든 간호활동을 분석하고, 각 활동에 소요된 간호시간을 측정하여 업무에 필요한 인력수를 산정하는
것은? (   )

08 환자분류체계에 대한 설명이 옳은 답에 표기하시오.

(1) 환자분류체계의 목적은 (**병원표준화의 실현 / 간호비용분석 / 근무조건 개선 / 예산수립 / 급여산출 / 간호인력 산정 및 배치 / 간호수가 산정 / 직무분석 / 간호의 질 평가**) 등이다.

(2) 환자의 간호의존도를 영역별로 점수화하여 총점으로 환자를 분류하는 것은 (**요인 / 원형**) 평가체계이다.

(3) 직접간호요구에 대한 대표적 지표를 설정하고 이를 평가하여 환자를 분류하는 것은 (**요인 / 원형**) 평가체계이다.

(4) 환자를 3~4개 군으로 나누어 군별 전형적인 특성을 광범위하게 기술하여 분류하는 것은 (**요인 / 원형**) 평가체계이다.

(5) 간호업무량 측정시, 간접간호활동시간에는 (**투약 / 기록 / 환자와의 의사소통 / 교육훈련 / 관련부서 간 의사소통 / 환자관찰 / 물품관리 / 측정 / 휴식시간 / 의사지시 확인**) 등이 포함된다.

09 간호인력 산정에 영향을 미치는 요인이 아닌 것은?   (,   )

(1) 환자 중증도	(2) 직무분석	(3) 병상점유율
(4) 간호사 임상경력	(5) 예산	(6) 간호사의 태도
(7) 직무평가	(8) 의사 수	(9) 치료/간호기술
(10) 병원 목적/계획	(11) 시설 및 환경	(12) 간호전달체계

10 아래 질문에 답하시오.

A병동 일평균 재원환자는 40명, 환자 당 일평균 간호시간은 3시간이다. 간호사의 일평균 근무시간은 8시간이며, 1년에 간호사당 평균 휴가 및 병가는 110일, 교육 및 연수 일수는 30일이다.

(1) A병동의 연간 필요한 간호인력을 서술적 방법으로 산출하면 몇 명인가? (　　　)명

(2) A병동의 연간 필요한 간호인력을 산업공학적 방법으로 산출하면 몇 명인가? (　　　)명

11 내부모집에 해당하면 A, 외부모집에 해당하면 B를 적으시오.

(1) 현장모집, 광고, 인턴십, 인터넷을 통한 모집		(2) 인력개발비용 절감	
(3) 적재적소 배치 가능		(4) 신규직원 적응기간 장기화 가능성	
(5) 새로운 정보나 지식이 제공		(6) 기술목록, 인력배치표, 사보, 추천 통한 모집	
(7) 능력개발 강화		(8) 구성원의 사기향상과 동기유발	
(9) 조직의 경직화와 침체 위험성		(10) 채용관련 비용 증가	

12 선발시험에 대한 질문에 답하시오.

가. 실기시험　　나. 직무적성검사　　다. 성취도검사　　라. 인성검사　　마. 패널면접　　바. 집단면접
(1) 직무경험이나 훈련결과 업무수행에 필요한 지식을 현재 얼마나 알고 있는지 측정하는 방법은? (　　　)
(2) 개인의 능력, 성격, 흥미 측정을 통해 미래 발전할 잠재능력을 측정하는 것은? (　　　)
(3) 특정 문제에 대한 토론 과정에서 적격여부를 심사함으로서 우열비교를 통해 리더십 인재를 찾는 면접은? (　　　)
(4) 다수의 면접자가 서로 의견을 교환하여 면접하며, 전문직이나 관리계층 선발에 좋은 방법은? (　　　)
(5) 직무경험이 없는 신규채용 시, 직무가 요구하는 능력을 가진 사람의 선발 배치가 가능하도록 하는 방법은? (　　　)

13 옳은 답을 고르시오.

(1) 인력의 배치 / 이동의 원칙에는 (**능력주의 / 균형주의 / 성과주의 / 적재적소주의 / 연공주의 / 인재육성주의**)이 있다.

(2) '업적을 올바로 평가하고 평가된 업적에 대해 만족할 수 있는 대우를 한다'는 원칙은 (**균형주의 / 실력주의 / 인재육성주의**)이다.

01 다음 질문에 옳은 답을 고르시오.

| 가. 실무교육 | 나. 유도훈련 | 다. 보수교육 | 라. 직무오리엔테이션 |
| 마. 관리자훈련 | 바. 프리셉터십 | 사. 조직사회화 전략 | |

(1) 조직의 구조체계와 정책, 철학, 목표 등에 대해 교육한다면 무슨 교육인가? (　　　)

(2) 졸업간호사의 전반적인 성장과 개발에 초점을 맞춰 새로운 간호방법과 기술을 교육하는 것은?
(　　　)

(3) 신규간호사가 특정 간호단위의 업무를 습득하는 것을 목적으로 하는 교육은? (　　　)

(4) 간호부 자체에서 간호사에게 새로운 환자안전관리방법에 관한 현장교육을 실시했다면, 무슨 교육인가?
(　　　)

(5) 신규간호사가 조직에 잘 적응할 수 있도록 조직에 대한 전반적인 정보를 제공하는 것은? (　　　)

(6) 조직 외부에서 조직으로 진입한 사람을 구성원으로 만드는 과정에서 사용하는 여러 가지 수단과 방법
은 ①(　　　)이며, 그 전략에는 (② **역할모델 / 감수성 훈련 / 프리셉터 / 사례연구 / 멘토제도 / 팀
빌딩**) 등이 있다.

(7) 의료법에서의 보수교육 내용에는 (**조직목표 및 정책 / 업무전문성 향상 및 업무개선 사항 / 의료관계
법령 준수 / 의사소통능력 / 직업윤리 / 선진의료기술의 동향 및 추세**) 등이 포함된다.

(8) 신입간호사의 현실충격을 인정하고, 오리엔테이션 비용절감의 필요성에서 대두된 것은? (　　　)

02 교육훈련방법에 대한 아래 질문에 옳은 답을 고르시오.

| 가. 사례연구 | 나. 역할모델 | 다. 인바스켓 | 라. 감수성훈련 | 마. 역할연기 |
| 바. 프리셉터십 | 사. 비즈니스게임 | 아. 멘토제도 | 자. 경력개발 | |

(1) 인간관계 기술을 개발하기 위한 방법은? (　　,　　,　　)

(2) 간호관리자의 의사결정능력을 향상시키기 위한 모의 훈련방법은? (　　,　　,　　)

(3) 구성원의 경력개발을 돕고, 사회심리적으로 지원하며, 역할모델로서의 기능을 하는 방법은? (　　　)

(4) 실제 문제와 유사한 사례를 통해 문제해결능력을 향상시키는 방법은? (　　　)

(5) 숙련된 간호사가 학습자와의 1:1 상호작용을 통해 간호실무능력을 지도 감독 평가하는 것은? (　　　)

(6) 관리자의 의사결정 능력을 향상시키기 위한 방법으로서 교육훈련 상황을 실제 상황과 비슷하게 설정한 후 주로 문제해결능력이나 계획능력을 향상시키고자 하는 방법은? (   )

(7) 조직 내 의사결정과 관련된 중요한 부분을 간단한 형식으로 표현함으로써 훈련참가자들이 쉽게 조직 상황을 이해하고 올바른 의사결정을 할 수 있는 일종의 조직관리의 모의연습은? (   )

03 아래 질문에 적절한 답을 고르거나 빈칸을 채우시오.

(1) 입사에서 퇴직까지의 경력경로를 개인과 조직이 함께 계획하고 관리하여 개인욕구와 조직목표를 달성해가는 총제적인 과정은 _____이다.

(2) _____란 간호실무역량을 평가하여 간호사의 역량수준에 따라 차별화하여 인정하는 보상체계이며, 간호사의 실무 탁월성에 초점을 맞추려는 임상승진제도 실현의 도구이다.

(3) 경력개발의 목적은 (**효율적인 인재확보 · 배치 / 구성원의 자기개발 / 성과와 보상의 일치 / 조직의 유효성 증대**) 등이 있다.

(4) (**연공승진제도 / 능력주의 승진제도**)는 직원에게 동기부여가 되나, 평가방법 개발에 어려움이 있다.

(5) (**연공승진제도 / 능력주의 승진제도**)는 고도의 객관성을 유지하나, 행정의 침체성을 초래할 수 있다.

(6) (**연공승진 / 직계승진 / 자격승진**) 제도는 직무중심적인 승진으로, 직무자격요건에 맞는 자를 승진시키는 제도이다.

04 직무수행평가에 대한 아래 질문에 옳은 답을 고르시오.

(1) 직무수행평가의 목적은 (보상 / 능력개발 / 승진 / 적재적소배치 / 직무평가 / 작업조건 개선 / 근무의욕 향상 / 노사관계개선 / 기획 / 적정처우)에 관련된 자료를 제공하기 위함이다.

| 가. 도표식 평정법 | 나. 중요사건기록법 | 다. 강제배분법 | 라. 행태중심 평정척도 |
| 마. 서열법 | 바. 목표관리법 | 사. 대조표법 | 아. 에세이 평가법 |

(2) 전통적인 인사고과시스템이 지닌 한계점을 극복 보완하기 위해 개발된 평가기법은? (   )

(3) 조직목표 달성의 성패에 영향이 큰 주요 사건을 중점적으로 기록 검토하는 방법은? (   )

(4) 논술 형태로 구성원 성과(행위)에 대한 강점과 약점을 기술하여 성과를 평가하는 방법은? (   )

(5) 평정대상이 되는 성질이나 능력요소를 나열하고 각각의 요소에 대해 등급을 매기는 방법은? (   )

(6) 표준업무수행목록을 미리 작성해 두고 이 목록에 따라 가부 또는 유무를 표시하는 방법으로, 직무상의 행동을 구체적으로 표현하여 평가하는 방법은? (   )

(7) 중요사건기록법을 기초로 주요 과업을 범주화하여 척도별로 기준행동을 정해 평가하는 방법은? (　　　)

(8) 피평가자에 대해 자세히 서술할 수 있으나, 서술방법에 따라 평가내용에 차이가 많을 수 있고, 객관성이 낮은 방법은? (　　　)

(9) 평정이 쉽고 간편하여 상벌에 이용하기 용이하나, 후광효과나 중심화경향이 나타나기 쉬운 방법은? (　　　)

(10) 승진을 위해 활용할 수 있는 평가방법을 모두 고르시오 (　　, 　　, 　　)

(11) 타 직원과의 비교를 통해 평가하는 방법은 ①(　　, 　　) 이며, 성과를 기준으로 평가하는 방법은 ②(　　　)이다.

(12) 평가 목적이 지도일 경우는 ①(　　, 　　)가 적합하고, 조직개발일 경우에는 ②(　　, 　　)가 적합하며, 목표달성이나 동기부여가 목적인 경우는 ③(　　　)이다.

05 직무수행평가 오류에 관한 질문에 옳은 답을 고르시오.

가. 근접오류　　나. 대비오류　　다. 혼효과　　라. 후광효과　　마. 규칙적 착오　　바. 중심화경향
사. 논리적 착오　아. 관대화경향　자. 선입견에 의한 착오　　차. 근접착오(시간적 오류)

(1) 한 수간호사가 다른 수간호사들에 비해 항상 높거나 낮은 점수를 준다면 그 오류는? (　　　)

(2) 수간호사가 간호사의 부정적인 면을 보고 다른 업무요소도 실제보다 낮게 평가할 때의 오류는? (　　　)

(3) 수간호사가 서울대를 졸업한 간호사를 능력과 관계없이 우수하게 평가하는 오류는? (　　　)

(4) 인사고과표에 배열되는 고과요소를 분산하거나 고과요소별로 평가하는 방법이 좋은 오류는? (　　　)

(5) 간호사의 인상이 성실하고 믿음직스러워 다른 요소도 높게 평가할 때의 오류는? (　　　)

(6) 피평정자가 근면하여 직무수행의 양도 많은 것으로 평가했다면, 이때 발생하는 오류는? (　　　)

(7) A와 B가 비슷한 성과임에도, 넉 달 전 두 번 업무 실수한 A를, 3일전 한 번 실수한 B보다 높게 평가시 오류는? (　　　)

(8) 앞 사람의 평가결과가 뛰어나, 상대적으로 뒷사람이 실제보다 낮게 평가되었다면 그 오류는? (　　　)

(9) 서로 근접하게 배치된 평가요소인 '지식'과 '기술' 요소에 대한 평가결과가 유사하게 나타나는 오류는? (　　　)

(10) 인사고과기간을 단기로 변경하고 목표관리법에 의해 평가한다면, 어느 오류를 예방하기 위함인가? (　　　)

(11) 강제배분법에 의해 가장 효과적으로 줄일 수 있는 평가 오류 두 개를 고르면? (　　, 　　)

06 옳은 답을 고르시오.

| 가. 외적 보상 | 나. 내적 보상 | 다. 임금 | 라. 상여금 |
| 마. 기본급 | 바. 수당 | 사. 부가급 | 아. 복리후생 |

(1) 보상은 크게 ①(,)로 나뉘고, 외적 보상은 ②(,)으로 나뉘며, 임금은 ③(,)으로 나뉘며, 부가급에는 ④(,)이 포함된다.

(2) 간호사의 기본 근무시간에 대해 지급하는 액수로 수당, 상여금, 복리후생비 산정에 기준이 되는 보상은? ( )

(3) 주로 직무내용과 관련된 것으로, 칭찬, 인정감, 성취감 등 심리적으로 느끼는 보상은? ( )

(4) 직원의 생활안정과 질 향상을 위해 임금 외에 부가적으로 지급되는 것으로 보험과 퇴직금이 포함된 것은? ( )

(5) 기본급의 미비점을 보완하기 위해 직무내용, 근무환경, 생활조건 등을 특수성을 고려하여 지급하는 것은? ( )

07 옳은 답을 고르시오.

(1) 「근로기준법」상 법정 수당에는 (연장근로수당 / 휴일근로수당 / 직책수당 / 야간근로수당 / 특수작업수당)이 있다.

(2) 법정 복리후생에는 (건강보험료 / 주택자금지원 / 유급휴가제도 / 가족건강검진제도 / 퇴직금제도 / 기숙사 제공)이 있다.

(3) 임상상승과 기술혁신 등의 여건변화에 대응하고, 임금관리가 용이한 보상제도는 (능력주의 / 연공주의) 보상제도이다.

(4) 객관성과 공정성 문제를 야기하고, 평가기법 개발이 어려운 보상제도는 (연공급 / 연봉제 / 호봉제)이다.

| 가. 연공급 | 나. 성과급 | 다. 직무급 | 라. 종합결정급 | 마. 직능급 |

(5) 직무의 책임성과 난이도에 의한 상대적 가치에 따라 지급하는 기본급은? ( )
(6) 임금관리가 용이하고, 직무수행능력의 개발과 효율적 활용이 가능한 기본급은? ( )
(7) 구성원의 이동을 방지하나, 인건비 부담이 가중되며 동기부여 효과가 미약한 기본급은? ( )
(8) 연공급과 직무급을 절충하여, 직무수행능력, 조직공헌도, 직무종류에 따라 지급하는 기본급은? ( )
(9) 보수의 형평성을 구현하고 구성원을 동기부여하나, 경쟁이 과도 시 집단성과가 저조한 기본급은? ( )

01 옳은 답을 고르시오.

(1) 직원 훈육은 신속히 조사하며, (**사람 / 행위**)에 중점을 두어 훈육한다.

(2) 직원훈육 시 규칙은 (① **융통성 / 일관성 / 탄력성**) 있게 적용하며, 상황에 따라 (② **일관성 / 융통성**)을 발휘한다.

(3) 간호사가 자주 무단결근하여 수간호사는 구두로 규칙 위반사항을 알리고 지속되면 징계조치를 받을 수 있다고 통보했음에도 지속적으로 무단 결근하는 경우, 그 다음의 훈육단계는 (**면담 / 구두경고 / 서면경고 / 정직**)이다.

(4) 신규간호사의 이직 예방정책을 수립하는 관리활동은 (**확보 / 개발 / 보상 / 유지**) 관리이다.

02 틀린 곳을 찾아 고치거나, 옳은 답을 고르시오.

(1) 협상은 상호 양보를 통해 합의에 도달하는 것이며, 승자도 패자도 없으므로 양 집단에 이상적이다.

( ) _____

(2) 협상은 개인의 문제보다는 행동에 초점을 맞춘다. ( ) _____

(3) 더 큰 공동이익을 도출해내려는 협상전략으로, 협상관계가 장기적일 경우 유용한 협상은 (**분배적 / 통합적**) 협상이다.

(4) 간호에서 협상은 (**대상자의 불평해결 / 직무수행평가 / 조직구조 개편 / 간호부 운영예산 / 단체교섭 / 조직화과정**) 시 유용하게 사용된다.

03 빈칸에 적절한 답을 적으시오.

(1) 조직의 목표달성을 위해 구성원들이 바람직한 행동을 하도록 동기부여, 지시, 지도, 조정하는 관리기능은 _____이다.

(2) 구성원들이 목표달성에 적극적으로 참여할 수 있도록 영향력을 행사하는 과정은 _____이다.

04 관리자와 리더를 비교해볼 때, 「관리자」는 A, 「리더」는 B를 쓰시오.

(1) 책임감있게 행동하며, 일을 옳게 한다. (   )

(2) 무엇을 왜 할 것인가에 관심을 가진다. (   )

(3) 구성원을 동료로 여기고, 신뢰에 기초하여 미래 발전을 추구한다. (   )

(4) 조직구조를 설계하고, 규칙과 절차를 개발하며, 자원을 배분한다. (   )

(5) 통제방법을 개발하고 목표수행을 모니터링하며 교정활동을 한다. (   )

(6) 그룹과정, 정보수집, 피드백, 힘 부여하기에 초점을 둔다. (   )

(7) 직위에 따르는 권한과 합법적인 권력을 갖는다. (   )

(8) 조직의 큰 그림과 비전을 세우고, 인간관계에 초점을 둔다. (   )

(9) 직무에 초점을 두고, 질서와 안정성 유지에 초점을 둔다. (   )

(10) 주로 시간과 비용, 급여, 재고물품에 대한 통제를 강조한다. (   )

05 레빈의 3원론적 리더십에 대해 옳은 답을 고르시오.

가. 전제형	나. 민주형	다. 자유방임형	라. 과업형	마 관계형
(1) 직위의 차이를 강조하며, 안정된 집단활동을 가져오는 유형은? ( )				
(2) 의사소통의 통로가 다양하고, 구성원이 요청 시 지지로 동기부여하는 유형은? ( )				
(3) 집단에 대한 통제를 최소화하고 제안과 안내로 지시하는 유형은? ( )				
(4) 폭우로 많은 부상자가 생긴 위기 상황에 효과적인 유형은? ( )				
(5) 병동목표를 함께 설정하고, 운영 시 간호사가 의사결정에 참여하는 유형은? ( )				
(6) 문제가 잘 규명되지 않고, 리더의 업무 조정이 필요없는 경우 적절한 유형은? ( )				
(7) 의사결정의 질이 높고, 의사결정 결과를 수용하고, 수행에 적극적인 유형은? ( )				
(8) 구성원이 동기부여되고 자기지시적인 경우 생산성을 산출하는 유형은? ( )				
(9) 구성원의 협동과 조정이 필요시 효과적이지만, 신속한 결정이 필요시 혼란을 초래할 수 있는 유형은? ( )				

06 피들러의 상황적합성 이론에 대한 질문에 답하시오.

(1) LPC 점수는 리더가 가장 싫어하는 동료에 대하여 평가한 점수를 말하며, 점수가 낮으면 _____ 지향형 리더이다.

(2) 상황적 변수(상황의 호의성)로 ① _____, ② _____, ③ _____이 있다.

(3) 상황호의성이 높거나 낮을 때는 ① _____ 지향적 리더, 중간 정도일 때는 ② _____ 지향적 리더가 효과적이다.

(4) 아래 병동에 적합한 피들러의 리더십 유형은?

구분	리더-구성원 관계	과업구조	리더의 직위권력	리더십 유형
A 병동	좋음	높음	약함	(①) 지향적 리더십
B 병동	나쁨	높음	강함	(②) 지향적 리더십
C 병동	간호사들이 수간호사를 신뢰하지만, 과업이 명확히 구조화되어 있지 않고 수간호사의 직위권한도 약한 경우			(③) 지향적 리더십

07 허쉬 & 블랜차드의 상황대응성 이론에 대해 답하시오.

가. 지시적 리더십   나. 설득적 리더십   다. 후원적 리더십
라. 참여적 리더십   마. 성취지향적 리더십   바. 위임적 리더십
사. 구성원 성숙도   아. 상황의 호의성   자. 권한   차. 동기

(1) 허쉬와 블랜차드가 제시한 리더십 유형은? (　　,　　,　　,　　)

(2) 상황변수를 ①(　　)로 보았고, 그 변수에는 구성원의 능력과 ②(　　)를 포함한다.

(3) B병동은 전문간호사들로 구성되어 있고, 과업을 책임지려는 의욕이 강한 경우에는 (　　)이 적합하다.

(4) 상황이 M3인 경우, 효과적인 리더십은 ①(　　)로, (② **높은 / 낮은**) 과업지향성과 (③ **높은 / 낮은**) 관계지향성 리더십이다.

(5) 아이디어를 부하와 함께 공유하고 부하와의 인간관계를 중시하는 리더십은? (　　)

(6) 결정사항을 부하에게 설명하고 부하가 의견을 제시할 기회를 제공하는 등 쌍방적인 의사소통과 집단 간 의사결정을 지향하는 리더십유형은? (　　)

08 하우스 & 미첼의 경로목표이론에 대한 질문에 답하시오.

가. 지시적 리더십	나. 설득적 리더십	다. 후원적 리더십
라. 참여적 리더십	마. 성취지향적 리더십	바. 위임적 리더십

(1) 하우스와 미첼이 제시한 리더십 유형은? (　　,　　,　　,　　)

(2) 부하에게 정보를 제공하고, 부하의 의견과 제안을 받아들여 리더의 의사결정에 반영하는 유형은? (　　)

(3) 과업구조가 모호하고, 직위권한이 강하며, 구성원이 안정욕구가 강할 때는? (　　)

(4) 부하의 성취욕이 강하나, 매일 같은 일만 반복하여 도전없는 생활을 할 경우는? (　　)

(5) 부하가 자존과 성취욕이 강한 경우, 개인과 조직의 목표가 양립하거나, 부적절한 보상으로 불만족하는 경우는? (　　)

(6) 구성원이 과업에 대한 경험과 능력이 부족하고, 비상 상황이거나 시간이 촉박한 경우는? (　　)

(7) 과업이 구조화되어 있고 권한체계가 명확하나, 일에 대한 자신감이 없으며, 사회적 욕구가 높은 경우는?
(　　)

(8) 결과지향적인 목표를 설정하도록 하고, 부하가 목표달성을 위해 최선을 다할 것으로 기대하는 유형은?
(　　)

09 옳은 답을 고르시오.

(1) 구성원의 가치와 신념을 바꾸어 조직의 근본적인 변화를 이끄는 것은 (**거래적 / 변혁적 / 공유적**) 리더십이다.

(2) 사회교환이론에 기초한 리더십으로, 구성원들이 무엇을 해야 원하는 보상을 받을 수 있는지를 알려주는 것은 (**비전제시형 / 거래적 / 양자**) 리더십이다.

(3) 조직의 미래에 대한 비전을 심고 그 비전을 구성원에게 연결해주어 조직과 자신을 통합하도록 하며, 높은 수준의 동기를 촉진하는 것은 (**거래적 / 관계적 / 변혁적**) 리더십이다.

가. 지적 자극	나. 가시적 보상	다. 이상적인 목표	라. 규칙과 관례	마. 카리스마
바. 장기적 전망	사. 조건적 보상	아. 현상유지	자. 영감적 동기부여	
차. 개별적 배려	카. 예외적 관리	타. 내적 보상		

(4) 거래적 리더십은? (　　,　　,　　,　　)

(5) 변혁적 리더십은? (　　,　　,　　,　　,　　)

10 옳은 답을 고르시오.

⑴ 간호관리자가 스스로를 리드하는 역할모델이 되어, 부하직원을 셀프리더로 만듦으로써 조직 전체를 자율경영체제로 만들어가는 리더십은 (① **슈퍼 / 셀프 / 관계**) 리더십이고, 구성원 각자가 변화와 성장을 위해 스스로 동기부여 하면서 영향력을 행사하는 리더십은 (② **팔로워십 / 셀프 / 슈퍼**) 리더십이다.

⑵ 비전과 목표를 명확히 제시하고 구성원에게 강력한 감정이입과 일체감을 불러일으킴으로서 영향력을 발휘하는 리더십은 (**셀프 리더십 / 카리스마 리더십 / 팔로워십**)이다.

⑶ 셀프리더십은 (① **자기관찰 / 관리자의 목표설정 / 자기비판 / 리허설 / 협력 / 자기보상**) 등의 행동전략과 (② **건설적 사고 / 과업재설계 / 공유 / 직무상황 재설계**) 등의 인지전략을 사용한다.

Reveiw Test 10

01 동기부여에 관한 질문에 알맞은 답을 고르시오.

가. 동기위생이론	나. 목표설정이론	다. 공정성이론	라. ERG이론	마. 성취동기이론
바. 강화이론	사. X-Y이론	아. 욕구단계이론	자. 기대이론	차. 성숙미성숙이론

(1) 동기부여 과정에서 발생하는 제 변수와 이 변수들의 상호연관성에 초점 둔 이론은?

  (,   ,   ,   )

(2) 구성원의 행동을 유발하는 인간의 욕구나 만족에 초점을 맞춘 이론들은?

  (,   ,   ,   ,   )

(3) 구성원의 선발, 배치, 업무분담에 개인적 욕구를 고려할 필요가 있다는 이론은? (   )

(4) 그동안 무시되었던 직무내용적인 요소를 동기부여에 응용할 수 있게 한 이론은? (   )

(5) 분권화 등 민주적이고 참여적인 관리전략을 선택하여 능력을 최대한 발휘하도록 동기부여하는 이론은? (   )

(6) 관계욕구를 미 충족 시 물질적 욕구가 증가하므로, 관계욕구 충족을 위해 노력을 기울여야 한다는 이론은? (   )

(7) 개인의 욕구수준단계를 확인하여 욕구를 충족시켜주고, 하위욕구 충족 후 상위욕구를 충족시키는 이론은? (   )

(8) 업무성과를 공정하게 평가하고, 성과와 보상이 합치되도록 관리하는 이론은? (   )

(9) 직무충실화의 기초를 이룬 이론은 ①(   )이고, 목표관리(MBO)의 배경이론은 ②(   )이다.

(10) 친절한 태도로 간호하는 간호사에게 밤 근무 수를 감소시켜줌으로서 동기부여하는 이론은? (   )

(11) 성과에 따라 주어지는 보상이 무엇인지 명확히 제시하여 성과와 보상간의 연결을 분명히 하는 이론은?

  (   )

(12) 조직과 개인의 목표가 상호 모순되지 않고 조화와 통합을 이루기 위해 인격이 성숙토록 하는 이론은?

  (   )

(13) 성취욕구가 발현되도록 직무를 도전적으로 설계하고 평가 및 보상체계를 성취결과 중심으로 한 이론은? (   )

02 동기부여에 관한 옳은 답은 O, 틀린 답에는 X로 표기한 후 틀린 부분에 밑줄 긋고 빈칸에 고쳐 쓰시오.

(1) 매슬로우의 ERG이론은, 좌절-퇴행형이며 하나 이상의 욕구수준이 동시에 동기부여될 수 있다.

(   ) _____

(2) 성취동기이론에서는 인간의 기본 욕구를 친교욕구, 관계욕구, 성장욕구로 분류한다.

(   ) _____

(3) ERG이론에서는 현대의 바람직한 관리전략으로, 분권화와 권한위임 등의 관리전략을 제시했다.

(   ) _____

(4) 성취동기이론에서는 절약 등 유쾌하지 않은 과업은, 친교욕구가 큰 사람에게 맡기는 것이 적합하다.

(   ) _____

(5) ERG이론에서 능력개발기회와 도전적인 업무를 부여하는 것은 존경욕구 충족을 위한 노력이다.

(   ) _____

(6) 임상전문간호사 과정을 이수할 계획이었던 간호사가 근무번표가 원활하지 않아 포기하였다면, ERG 이론에 근거하면 관계욕구 좌절로 인해 성장욕구가 증가한다. (   ) _____

03 매슬로우의 욕구단계이론에서 욕구단계를 구분하시오.

가. 포상과 승진	나. 타인과의 관계	다. 도전적 과업	라. 최저임금
마. 타인의 인정	바. 작업환경	사. 고용보장	아. 성과급 증가
자. 잠재능력 발휘	차. 의사결정 참여	카. 인플레이션에 의한 임금인상	
타. 창조적 활동	파. 안전한 작업조건	하. 우호적 업무팀	

(1) 생리적 욕구 (,   )   (2) 안전 욕구 (,   ,   )

(3) 소속과 애정 욕구 (,   )   (4) 존경 욕구 (,   ,   )

(5) 자아실현욕구 (,   ,   )

04 허츠버그의 동기요인과 위생요인을 고르시오.

가. 작업환경	나. 급여인상	다. 직무자체	라. 정책	마. 성취감
바. 감독	사. 승진	아. 대인관계	자. 지위	차. 칭찬과 인정

(1) 위생요인은? (,   ,   ,   ,   ,   )

(2) 동기요인은? (,   ,   ,   )

05 옳은 답은 O, 틀린 답에는 X로 표기한 후 틀린 부분에 밑줄 긋고 빈칸에 고쳐 쓰시오.

(1) 아담스, 맥그리거, 브룸, 스키너는 사람들이 어떻게 동기부여 되는가를 밝혔다.

( ) _____

(2) 기대이론에서, 수단성은 보상에 대한 선호정도이다. ( ) _____

(3) 기대이론에서 특정한 활동을 통해서 어떤 것을 얻고자 하는 확률은, 1차 결과인 성과이다.

( ) _____

(4) 강화이론에서, 지각한 간호사에게 특근수당 기회를 주지 않는 것은 처벌이다.

( ) _____

(5) 공정성이론에서, 보상이 적어 불공정하다고 생각한 간호사가 노조에 가입하여 임금인상을 요구하는 것은 투입을 변경하여 불공정성을 해소하려는 경우이다. ( ) _____

(6) 목표설정이론에서 효과적 목표는 구체적, 과정 지향적이며, 결과에 대한 피드백과 보상을 제공한다.

( ) _____

06 알맞은 답을 고르시오.

(1) (① **권력 / 리더십**)은 목표 지향적이고, 상사 · 부하 · 조직관계에 초점을 두며, (② **일방향적 / 모든 방향**)으로 영향을 미친다.

(2) 권력의 분배를 넘어 권력의 증대와 창조에 초점을 두며, 구성원에게 조직을 위해 중요한 일을 할 수 있다는 확신을 심어주는 과정은 (**권한위임 / 임파워먼트 / 조직개발 / 동기부여**)이다.

07 임파워먼트 전략에 해당되지 않는 것을 고르시오. (,)

가. 정보를 공개한다.	나. 조직에 대한 관심을 증대한다.
다. 참여를 유도한다.	라. 책임을 부여한다.
마. 명확한 비전과 원칙을 제시한다.	바. 내적 보상을 제공한다.
사. 혁신활동을 지원한다.	아. 실패에 대해서는 교정조치를 지시한다.
자. 인적자원을 중시한다.	

08 의사소통에 관하여 옳은 것을 고르거나, 빈칸을 채우시오.

가. 직무기술서	나. 회람	다. 회의	라. 업무보고	마. 기관소식지
바. 면담	사. 사전협조제도	아. 위원회	자. 지시	차. 여론조사
카. 사내방송	타. 내부결재	파. 제안제도	하. 낙상예방지침서	

(1) 상향적 의사소통 (　　,　　,　　,　　,　　,　　)

(2) 하향적 의사소통 (　　,　　,　　,　　,　　)

(3) 수평적 의사소통 (　　,　　,　　,　　)

(4) 의사소통 유형에서 정보의 전달속도가 빠르고, 정확성은 떨어지지만, 조직변화의 필요성을 경고하고, 구성원의 50%가 이것을 통해 직무에 관한 정보를 얻는 것은 ＿＿＿＿＿＿＿이다.

(5) 상대방의 권리나 감정을 존중하면서 자신의 권리, 욕구, 의견, 느낌 등 자신을 표현하는 행동은 ＿＿＿＿＿이다.

(6) 주장훈련의 목적은 (정신건강 증진 / 비판적사고 향상 / 간호업무 향상 / 인간관계 개선 / 자기능력 신장) 이다.

09 의사소통 네트워크에 관한 아래 질문에 옳은 답을 고르시오.

가. Y형	나. 완전연결형	다. 수레바퀴형	라. 사슬형	마. 원형

(1) 라인조직 (　　)　　　　(2) 위원회조직 (　　)

(3) 브레인스토밍 (　　)　　　　(4) 라인스탭조직 (　　)

(5) 프로젝트팀 (　　)

(6) 집단의 중심적 인물 또는 리더가 존재하여 구성원 간의 의사소통이 중심적 인물 또는 리더에게 집중되는 형태로. 가장 신속하고 능률적인 모형이다. 팀에 강력한 중심적 리더가 있을 때 형성되며, 의사소통은 중심적 리더에게 집중된다. (　　)

(7) 집단의 구성원들 가운데 서열이나 지위가 비슷한 사람들 간에는 의사소통이 이루어지지 않고 상사와 부하 간에만 의사소통이 이루어지는 수직적인 전달형태로 비능률적인 모형이다. (　　)

(8) 집단의 모든 구성원들이 다른 모든 구성원들과 자유롭게 정보를 교환하는 의사소통 형태이다. (　　)

(9) 집단에서 중심적 위치를 차지하고 있는 인물이나 리더가 존재하지는 않지만, 비교적 집단구성원을 대표할 인물이 있는 경우에 나타나는 형태이다. 서로 다른 집단에 속한 사람들이 서로 의사소통하는 데 조정자가 필요할 경우 사용할 수 있는 형태이다. (　　)

(10) 구성원 간의 상호작용이 한곳에 집중되지 않고 널리 분산되어 있어서 수평적 의사소통이 가능하다. 인접한 구성원들끼리는 소통이 원활하나. 멀리 떨어진 구성원들과는 느리게 소통한다. (　　)

\<수레바퀴형 vs 쇠사슬형\>

※수레바퀴형과 쇠사슬형을 헷갈려하는 학생이 많아서 참고사항을 추가합니다.

	수레바퀴형	쇠사슬형
타학원 교재	<u>수레바퀴형은 집단의 중심적 인물 또는 리더가 존재</u>하여 구성원 간의 의사소통이 중심적 인물 또는 리더에게 집중되는 형태로, 가장 신속하고 능률적인 모형이다. 팀의 강력한 리더가 있을 때 형성되며, <u>의사소통은 중심적 리더에게 집중</u>된다. 구성원들 간에는 의사소통이 없이 정보전달이 리더에 의해 이루어지는 유형이다. <u>권한의 집중도가 높고, 구성원의 만족도 낮다.</u>	쇠사슬형은 집단의 구성원들 가운데 서열이나 지위가 비슷한 사람들 간에는 의사소통이 이루어지지 않고 상사와 부하 간에만 의사소통이 이루어지는 수직적인 전달형태입니다. <u>쇠사슬형도 권한의 집중도가 높고, 구성원의 만족도 낮다.</u>
서문경애 (현문사)	<u>수레바퀴형에서는 특정한 리더에 의해 정보전달이 이루어진다.</u> 단순한 문제를 해결할 때 효율적이고 효과적인 의사소통 구조이다. 과업이 복잡하면 구성원 간의 정보공유가 이루어지지 않는다.	쇠사슬형은 공식적 계통, 수직적 경로를 통해 의사전달이 이루어진다. 단순한 문제를 해결하기 위하여 빠르고 정확한 의사소통을 할 수 있다. 리더십의 지위는 안정적이다. 그러나 단점은 직원의 사기가 저하되며 문제해결을 위한 신축성이 낮다.
고문사	X형은 별형이라고도 하며 <u>가장 집중성이 강한 의사소통 형태</u>이다. <u>팀 내 강력한 중심리더가 존재</u>하여 그 사람에게 의사소통이 집중되는 경우로 작업공장의 작업원들이 한사람에게 보고하는 형태가 그 예이다. 과업이 단순한 경우 의사소통의 속도가 가장 빠르게 나타난다.	<u>연쇄형은 집중성이 어느 정도 강하다고 할 수 있고,</u> 팀의 서열이나 지위의 차이에 따라 의사소통 경로가 엄격하게 설정되는 유형이다. 이는 팀 내 비슷한 사람 간의 의사소통은 이루어지지 않고, 단지 조직의 공식적인 명령이나 권한체계가 명확히 정해져 있어서 수직적인 계층을 통해서만 의사소통이 이루어진다. <u>연쇄형에서 팀원의 만족도는 낮게 나타날 수 있다.</u>
정명숙 (현문사)	수레바퀴형은 <u>조직 내에 한 사람의 강력한 리더</u>가 있고 구성원이 그 리더와 의사소통하는 2수준 위계의 형태로 <u>권한의 집중이 높다.</u> 이때 구성원 간에는 의사소통이 없으며 한 사람의 리더에게 정보 전달이 집중되며 그가 모든 정보를 종합하여 문제해결을 지시하는 방식의 의사소통이 이루어진다. 예를 들면, 조직의 본부에서 모든 것을 통제할 때나 학교에서 교장과 직속의 여러 하급자들 간 의사소통의 형태이다. 과업이 단순하다면 수레바퀴형 의사소통이 속도가 빠른 장점이 있다. <u>하지만 구성원 간의 정보공유가 이루어지지 않아서 만족도가 낮은 편이다.</u>	사슬형은 조직 내에서 흔히 볼 수 있는 의사소통 네트워크로, 두 사람 사이에 의사소통하면서 릴레이 형식으로 정보를 전달하는데, 수직적 유형과 수평적 유형의 두 가지 형태가 있다. 수직적 유형은 상하수직적인 명령권한 관계를 따라 최고관리제에서부터 여러 명령권한 계층을 거쳐서 가장 하위계층의 부하직원에게로 이동하거나 그 반대로 하위 계층에서 상위 계층으로 흘러가는 의사소통이다. 이때 <u>상위 계층의 리더에게 정보가 집중, 종합</u>되어 문제를 해결하게 된다. 이때 유형은 중간에 위치한 사람이 리더 역할을 하는 데 정보수집이나 문제해결이 비교적 느리며 <u>구성원의 만족감이 낮은 편이다.</u>

	수레바퀴형	쇠사슬형
수문사	<u>수레바퀴형은 집단구성원들에게 중심인물이 존재</u>하고 있는 경우에 나타나는 유형으로 구성원들의 <u>정보전달이 모두 특정 중심인물 또는 집단의 리더에 집중되는 유형</u>이다. 단순한 과업의 경우 의사소통의 속도가 빠르나 복잡한 과업의 경우는 구성원 간의 정보공유가 어려워지며 의사소통의 속도가 느리다. <u>구성원들의 만족도는 낮은 편이다.</u>	사슬형은 구성원들 간의 의사소통이 서로 연결되지 않은 유형으로 수평적, 상향적, 하향적 의사소통만 이루어질 수 있다. 문서상 의사소통 속도가 빠르고 <u>권한의 집중도가 높아 의사결정 속도도 빠르나 구성원들의 만족도와 몰입 정도는 낮다.</u>
학지사 메디컬	수레바퀴형 X형 또는 별형이라고도 한다. 가장 집중화된 형태이다. <u>팀 내에 강력한 중심리더가 존재</u>하여 의사소통이 한 사람에게 집중되는 경우로 병동의 간호단위 관리자와 간호사 간이나 회사의 종업원들이 한 사람에게 보고하는 형태이므로 <u>집단구성원의 만족도는 낮다.</u> 과업이 단순할 경우 의사소통의 속도는 빠르지만 과업이 복잡할 경우에는 속도가 느리고 구성원들 간의 정보공유가 이루어지지 않는다.	<u>사슬형 또는 연쇄형은 집중성이 어느 정도 강하다고 할 수 있고,</u> 팀의 서열이나 직위의 차이에 따라 의사소통 경로가 엄격하게 설정된다. 집단 내 비슷한 사람간의 의사소통은 이루어지지 않고, 오직 조직에 공식적인 명령 및 권한체계가 명확히 정해져 있어서 수직적인 계층을 통해서만 의사소통이 이루어진다. 따라서 정확하고 의사결정의 속도가 가장 빠른 장점이 있으나 <u>집단 구성원의 만족도는 낮다.</u> 이 사슬형은 흔히 관료조직이나 공식화가 진행된 조직에서 쉽게 볼 수 있으며 사슬이 길어질수록 정보가 왜곡될 가능성이 높다. 단순 업무의 경우 사슬형을 사용하면 의사소통의 신속성과 활용성이 비교적 높다.
최신 간호 관리학 (현문사)	<u>수레바퀴형은 집단 내에 특정한 리더가 있을 때 나타난다.</u> 특정리더에 의해 <u>모든 정보가 전달되기 때문에 리더에게 정보가 집중되는 현상을 보인다.</u> 수레바퀴형은 과업이 단순할 경우 의사소통의 속도가 빠르지만, 과업이 복잡할 경우에는 그 속도가 느리며 구성원들 간에 정보가 공유되지 않는다.	사슬형은 공식적인 명령계통과 수직적인 경로를 통해서 정보의 전달이 위아래로만 이루어지는 형태이다. 그러므로 명령과 권한의 체계가 명확한 공식적인 조직에서 사용되는 의사소통 네트워크로서 일원화된 경로를 통해서 최고관리자의 지시나 명령이 말단 구성원에게까지 전달되며, 그 반대로 말단 구성원의 의견이나 보고도 똑같은 명령사슬을 통하여 전달된다. 간호부장이 직접 간호사에게 지시를 하는 것이 아니라 간호부장→간호과장→수간호사→간호사 등과 같이 연쇄적으로 지시가 전달된다. 이러한 사슬형은 흔히 관료적 조직이나 공식화가 진행된 조직에서 주로 발견된다. 단순한 내용을 전달할 경우 사슬형을 사용하면 의사소통의 신속성과 효율성이 비교적 높지만, 사슬이 길수록 정보가 왜곡될 가능성이 높다.

10 옳은 답을 고르시오.

⑴ 간호부와 진료부의 갈등은 (① **계층적 갈등 / 기능적 갈등 / 라인－스탭 갈등**)이고, 상대방의 제거 · 정복이 목적인 갈등은 (② **경쟁적 갈등 / 분열적 갈등**)이다.

⑵ 갈등의 순기능은 (**조직의 발전과 쇄신 / 문제인식의 기회 / 과업지향성 강화 / 집단사고 방지 / 안정성 증가 / 집단응집력 증가 / 조직의 내적 응집성 증가**)이 있다.

⑶ 집단 간 갈등의 원인은 (**부문화정도 / 직무의 수월성 / 업무의 상호의존성 / 가치 차이 / 의사소통 장애 / 명확한 업무한계**)이다.

11 Thomas & Kilmann의 갈등 대처방식에 대하여 옳은 답을 고르시오.

가. 협조형	나. 회피형	다. 수용형	라. 강압형	마. 타협형

⑴ 상호관계유지가 이익보다 더 중요할 때 (   )

⑵ 복잡한 문제에 대해 잠정적인 해결이 요구될 때 (   )

⑶ 비용절감이나 규칙강요 같은 인기없는 조치의 시행이 요구될 때 (   )

⑷ 사람들을 진정시키고 생각을 가다듬게 할 필요가 있을 때 (   )

⑸ 양측 관심사가 중요하여 양측의 관여를 확보하고자 할 때 (   )

⑹ 신속성의 장점이 있으나 상대방의 분노와 원망을 초래하는 것은? (   )

⑺ 쌍방이 다른 목표를 가지고 있거나 비슷한 힘을 가지고 있을 때 가능한 것은? (   )

⑻ 논제가 상대방에게 더 중요하고, 향후 발생할 문제를 위해 상대방과 신뢰를 쌓는 것이 중요할 때
(   )

⑼ 자신과 상대방의 문제의 본질을 정확하게 파악하여 문제해결을 위한 통합적 대안을 도출해내는 유형은?
(   )

⑽ 민주적인 방법이지만, 자주 하면 우유부단한 결과를 가져오고, 창의적인 해결방안 도출을 방해하는 것은?
(   )

12 다음 중 갈등의 해결방안이 아닌 것은? (,   ,   ,   )

가. 조직구조의 혁신	나. 강압	다. 회피	라. 영역의 모호성 증대
마. 자원의 증대	바. 분업화 강화	사. 협상	아. 대면
자. 정보의 과다 제공	차. 공동목표 설정	카. 문제해결	타. 작업의 상호의존성 증대

Reveiw Test 11

01 아래 질문에 답하시오.

(1) 조직목표 달성을 위해 활동이 계획대로 실시되었는지 확인하고, 계획과 실제의 차이를 교정하는 것은 _____이다.

(2) 통제의 과정은 ① _____ 설정 → 업무성과 ② _____ → 표준과 성과의 ③ _____ → ④ _____ 활동이다.

(3) 통제의 목적은 (환경변화에 대응 / 비용효과적인 의료관리 / 집권화에 대응 / 조직규모의 대형화에 대처 / 조직의 목표달성)이다.

(4) 통제는 일반적인 상황에 맞게 설계되어야 한다. (   ) _____

(5) 통제는 종료 시기와 각 중요시점에 모니터링 체계를 가동한다. (   ) _____

(6) 통제는 경제적이면서, 현재 지향적이어야 한다. (   ) _____

(7) 통제의 실효성을 높이기 위해, 불필요하게 된 통제수단을 과감히 배제하는 것은 (① **적응성 / 예외적 관리 / 적용성**)이고, 업무성질과 상황에 알맞은 통제수단을 고려해야 하는 것은 (② **적응성 / 비교성 / 적량성**)이다.

02 통제기법에 속하는 것에 O로, 그렇지 않은 것은 X로 표기하시오.

(1) 비용편익분석 (   )　　(2) 관리감사제도 (   )　　(3) 직무평가 (   )

(4) 예산평가 (   )　　(5) 효율적인 관리체계 (   )　　(6) 직원훈육 (   )

(7) 성과평가 (   )　　(8) 질 관리 (   )

03 의료의 질 구성요소에 대한 질문에 답하시오.

| 가. 접근성 | 나. 지속성 | 다. 융통성 | 라. 적정성 | 마. 신속성 |
| 바. 적합성 | 사. 가용성 | 아. 효과성 | 자. 만족도 | |

(1) 의료의 질을 구성하고 있는 요소가 아닌 것은? (　　,　　)

(2) 대상 인구집단의 요구에 부응하는 정도는? (　　　)

(3) 지리적 경제적 측면에서 쉽게 의료서비스를 이용할 수 있는 정도는? (　　　)

(4) 비용에 대한 상대적인 의료의 효과 또는 편익에 대한 적절성은? (　　　)

(5) 의료서비스의 시간적, 지리적 연결정도와 상관성은 무엇인가? (　　　)

(6) 건강수준 향상에 기여한다고 인정된 의료서비스의 수행정도는? (　　　)

(7) 필요한 서비스를 제공할 수 있는 여건의 구비정도는? (　　　)

(8) 암 환자가 많은 지역사회에서 암 센터를 개원하였다면 어느 요소에 해당하는가? (　　　)

04 질 향상 활동과정을 순서대로 적으시오.

(　　　→　　　→　　　→　　　→　　　→　　　→　　　→　　　→　　　)

① 문제분석	② 자료수집	③ 개선과제 규명
④ 결과분석 및 비교	⑤ 문제의 발견	⑥ 표준의 설정
⑦ 개선과제의 수행	⑧ 모니터링 및 결과 평가	⑨ 질 개선 계획의 수립
⑩ 개선 주제의 우선순위 결정		

05 질보장(QA)은 A, 총제적 질관리(TQM)에는 B를 빈칸에 적으시오.

(1) 과정에 참여한 개개인의 성과향상을 가져온다. (　　　)

(2) 환자 진료의 질 향상을 목표로 한다. (　　　)

(3) 소수의 개인의 성과향상에 중점을 둔다. (　　　)

(4) 의무기록감사, 가설검증, 지표감시 방법을 사용한다. (　　　)

(5) PDCA의 순환적 관리기법을 이용한다. (　　　)

(6) 확인중심이고, 반응적이다. (　　　)

(7) 결과를 중시하며, 표준미달자를 교육하고 감사한다. (　　　)

(8) 과정과 결과를 중시하고, 전체 직원이 참여한다. (　　　)

(9) 문제가 확인되지 않아도 지속적 질향상을 추구한다. (　　　)

⑩ 리더십은 임상리더와 임상 각과장이 발휘한다. (　　　)

⑪ 권한에 의해 문제를 해결한다. (　　　)

⑫ 명목집단기법, 흐름도, 히스토그램을 사용한다. (　　　)

⑬ 환자를 포함하여 모든 고객에 대한 모든 서비스와 진료결과의 질을 향상하기 위함이다. (　　　)

⑭ 구성원을 임파워먼트하여 업무가 가치있고 격려됨을 느끼도록 하고 긍정적 피드백을 제공한다. (　　　)

⑮ 임상 각과별로 수직적 검토를 거쳐 서비스를 평가한다. (　　　)

⑯ 과정을 향상시키기 위한 예방과 계획에 초점을 둔다. (　　　)

⑰ 분석적 기법, 인간관계기법, 조직문화, 리더십의 효과적인 적용이 필요하다. (　　　)

⑱ 서비스의 질을 평가하고 그 문제점을 개선하여 질을 향상하는 기법이다. (　　　)

06 빈칸에 해당되는 질 향상 활동방법을 적고, 알맞은 답을 고르시오.

⑴ 모든 프로세스에서 무결점을 지향하며 통계적 척도를 사용하여 프로세스의 품질을 평가하는 체계는 _____이다.

⑵ 지속적인 질 개선을 위한 4단계 과정모델로, 소규모 시범 테스트 후 일상 업무에 적용하는 방법은 _____이다.

⑶ 조직 내 문제를 구체적으로 정의하고, 현재 수준을 계량화하고, 평가 분석 후 개선하고 유지 관리하는 과정으로 진행하는 것은 _____이다.

⑷ PDCA에서 진행과정을 지속적으로 모니터링하고, 자료를 수집하고 결과를 분석하는 과정은 (계획 / 시행 / 점검 / 개선) 과정이다.

⑸ 프로세스에서 낭비요소를 제거하고 가치있는 활동만 유지하는 프로세스 개선체계는 (6-sigma / PDCA / Lean)이다.

⑹ FOCUS PDCA의 첫 단계는 (문제의 명확화 / 계획 / 개선과제 발견 / 팀 구성)이다.

⑺ 식스시그마의 과정은 (① DMAIC / PDCA / Lean)이며, 통계적 해석 단계로 데이터의 분석을 통해 문제의 요인을 분석하는 단계는 (② 정의 / 측정 / 분석 / 개선 / 관리)이다.

07 질 분석도구와 관련된 질문에 옳은 답을 고르시오.

가. 파레토차트	나. 히스토그램	다. 인과관계도	라. 런차트
마. 흐름도	바. 관리도	사. 유사성 다이어그램	

(1) 데이터 빈도와 비율이 한눈에 보이도록 막대그래프를 그린 것은? (　　　)

(2) 어떤 일의 경과에 영향을 미치는 원인이나 요인을 체계적으로 정리한 것은? (　　　)

(3) 요양병원에서 지난 3년간 분기별 입원환자의 욕창 발생 추이를 살펴보기 위한 도구는? (　　　)

(4) 상대빈도와 크기를 보여주어 개선가능성이 높은 문제에 중점적인 노력을 기울이도록 도와주는 것은?
　　 (　　　)

(5) 병원감염률의 변이와 원인을 조사하여 병원감염 문제를 지속적으로 관찰, 조절하기 위해 사용하는
　　 것은? (　　　)

(6) 업무과정에 필요한 모든 단계를 도표로 표시하여, 업무 처리과정을 표현한 것은? (　　　)

(7) 업무과정의 성과 측정치를 통해 업무 흐름이나 경향을 조사하며, 문제를 발견하고, 해결방안이 수행된
　　 이후의 개선 정도 평가에 이용하는 것은? (　　　)

(8) 여러 주제에 관해 브레인스토밍 등을 통해 아이디어를 내고, 평가한 후 범주별로 그룹화하는 집중적
　　 사고의 형태는? (　　　)

08 틀린 부분에 밑줄 긋고, 빈칸에 고쳐 쓰시오.

(1) 간호의 질 평가에서, 기준이란 간호의 구조, 과정, 결과적 측면의 질을 평가할 수 있는 바람직한 수월성의
　　 수준에 대한 요약적 진술이다. (　　　　　　→　　　　　　)

(2) 특정 기준의 달성정도를 객관적으로 측정할 수 있게 하는 관찰 및 측정가능한 요소는 기준이다.
　　 (　　　　　　→　　　　　　)

09 도나베디안의 질 향상 접근방법 중 옳은 답을 고르시오.

가. 구조적 접근	나. 과정적 접근	다. 결과적 접근

(1) 간호사의 태도 (　　) 　　(2) 환자의 건강상태 (　　)

(3) 실무교육 계획 (　　) 　　(4) 간호기록/보고 (　　)

(5) 환자간호 계획 (　　) 　　(6) 정책과 절차 (　　)

(7) 환자교육 실시 (　　) 　　(8) 경력개발프로그램 (　　)

(9) 직무기술서 (　　) 　　(10) 의사소통/타부서와의 상호작용 (　　)

(11) 전문적 간호지식과 기술의 능숙성은? (　　)

(12) 간호사의 책임과 직무분석이 서면화되어 있는가? (　　)

(13) 간호계획에 가족을 참여시켰는가? (　　)

(14) 수술 후 2일째에 환자의 장음이 들리는가? (　　)

(15) 신규간호사 OT 프로그램이 개발되어 있는가? (　　)

(16) 적신호사고 발생 시 24시간 이내에 보고했는가? (　　)

(17) 환자의 응급실 체류시간은? (　　)

(18) 환자의 건강상태 변화는? (　　)

(19) 환자는 퇴원 후 자가간호 방법에 대한 설명을 들었는가? (　　)

(20) 환자 결과의 측정시기의 적절성에 대한 기준을 정하기 어려운 것은? (　　)

(21) 직무중심적인 경향이 크며, 정확한 간호표준이 없는 경우 평가가 어려운 것은? (　　)

(22) 간호의 질에 간접적인 영향을 미치며, 비교적 안정적이어서 자주 측정할 필요가 없는 것은? (　　)

(23) 나타난 결과를 바로 교정할 수 있고, 제공된 간호의 적합성과 전문성을 평가할 수 있는 것은? (　　)

10 동시평가는 A, 소급평가는 B를 빈칸에 적으시오.

(1) 퇴원환자 설문지/면담, 퇴원환자기록감사를 이용한다.	
(2) 직원/환자 면담, 입원환자 기록감사, 관찰을 이용한다.	
(3) 간호사가 환자에게 투약하는 행위를 관찰하여, 결점 발견 시 간호행위를 개선한다.	
(4) 발견된 문제점을 다음 간호계획에 반영하여 간호의 질을 향상하기 위함이다.	

11 아래 질문에 빈칸을 채우거나, 옳은 답을 고르시오.

(1) 우리나라 QI 활동에서, 의료서비스 중에 발생하는 환자의 상해를 예방하고, 의료과실 소송을 예방함으로서 경제적 손실로부터 기관의 자산을 보호하기 위한 관리는 (**안전관리 / 위험관리 / 안전사건관리**)이다.

(2) 의료기관 인증제는 의료서비스의 ① _____ 향상과 환자의 ② _____ 수준 강화를 기본 목적으로 한다.

(3) 의료기관 인증제도에서 인증주기는 ① _____ 년, 인증 유효기간은 ② _____ 년이다.

(4) 의료기관 인증제도는 인증기준 충족여부를 조사하는 (① **절대적 / 상대적**) 평가이며, 조사방법은 (② **동료평가 / 추적조사 / 이용도 관리**)이다.

(5) 의료기관 인증평가 결과에 대한 이의신청은, 평가결과 또는 인증등급을 통보받은 날부터 (**30일 / 60일 / 90일**) 이내에 해야 한다.

(6) 의료기관인증위원회는 (① **보건복지부장관 / 의료기관**) 소속이며, 위원장은 (② **보건복지부장관 / 보건복지부차관 / 의료기관장**)이고, 위원은 (③ **10명 / 12명 / 15명**) 이내로 구성하며 (④ **보건복지부장관 / 의료기관장**)이 임명 또는 위촉한다.

(7) 「의료법」상 인증기준은 (**환자 만족도, 환자의 권리와 안전, 감염관리, 조직·인력관리 및 운영, 의료서비스 질 향상활동, 의료서비스의 제공과정 및 성과, 성과관리**)가 포함된다.

(8) 의료기관 인증의 대상은 (① **병원급 / 의원급 / 종합병원급**) 의료기관이며, (② **자율적 / 의무적**)으로 인증을 신청한다. 다만, (③ **요양병원 / 상급종합병원 / 종합병원 / 정신병원**)은 의무적으로 인증신청을 해야 하며, (④ **수련병원 / 호스피스완화의료기관 / 전문병원 / 상급종합병원 / 연구중심병원 / 재활의료기관 / 외국인환자 유치 의료기관(병원급)**)으로 지정받고자 하는 기관은 인증을 받아야 한다.

(9) 인증의 필수항목에는 (**직원안전 관리활동 / 환자권리존중 / 질 향상 및 환자안전 운영체계 / 감염예방 관리체계 / 성과관리 / 화재안전 관리활동 / 진료지침관리체계 / 환자안전사건 관리**) 등이 있다.

12 옳은 답을 고르시오.

(1) 의료기관 인증기준에서 정확한 환자확인을 위한 구두/전화 처방 절차는, 「정확한 환자확인 → 받아적기 → 되읽어 확인하기 → 처방한 지시자가 정보의 정확성 확인하기 → 의사의 구두처방에 대한 _____시간 이내 처방」의 순서이다.

(2) 정확한 원가계산을 위해 기업의 기능을 여러 가지 활동으로 구분한 다음, 활동을 기본적인 원가대상으로 삼아 원가를 집계하고 이를 토대로 하여 다른 원가대상들(부문이나 작업 또는 제품)의 원가를 집계하는 원가계산제도는 (**균형성과표 / 활동기준 경영관리(ABM) / 활동기준 원가계산(ABC)**)이다.

(3) 균형성과표(BSC)에는 (**재무적 관점 / 고객관점 / 품질관점 / 내부 비즈니스 프로세스 관점 / 학습과 성장 관점**)의 지표가 있다.

(4) 미래지향적 관점으로 지속적인 가치창출을 위해 직원과 조직의 역량을 기르는 것은 (① **재무적 관점 / 학습과 성장 관점 / 고객 관점**)이며, 고객을 조직가치 창출의 가장 큰 원천으로 보는 관점에는 (② **고객 유지율 / 직원교육비 / 환자상담건수 / 고객만족도 / 수익증가율**)이 해당된다.

01 옳은 답을 고르시오.

가. 환자안전	나. 환자안전사건	다. 위해사건	라. 적신호사건
마. 의료오류	바. 근접오류	아. 스위스치즈모형	
자. 하인리히법칙	차. 근본원인분석	카. 오류유형과 영향분석	

(1) 오류가 있었음에도 환자에게 위해를 가져오지 않은 사건은? (   )

(2) 환자의 기저질환이 아닌 의학적인 처치에 의하여 손상을 초래한 사건은? (   )

(3) 투약 오류로 환자가 사망 혹은 혼수에 빠진 사건은 ①(   )이며, 이 경우 반드시 해야 하는 것은?
②(   )

(4) 환자에게 서비스를 제공하는 과정에서 환자안전에 위해가 발생하였거나 발생할 우려가 있는 사건은?
(   )

(5) 시스템적 접근으로, 가시적 오류보다 잠재적인 오류를 최소화하는 데 초점을 두고 여러 방어벽을 겹쳐
놓아 오류가 통과할 가능성을 감소시키는 것은? (   )

(6) 오류 발생 전 진료과정에서 발생할 수 있는 여러 문제점을 확인하여 개선하도록 하는 전향적인 방법
은? (   )

(7) 대형 의료사고와 같은 심각한 사고는 우연히 발생하는 것이 아니라, 그 이전에 경미한 사고나 징후들
이 반드시 존재하므로 사소한 문제발생시 면밀히 살펴야 한다는 원칙은? (   )

(8) 의료제공과정에서 오류의 예방 및 오류로 인하여 환자에게 발생하는 손상의 제거 및 완화 또는 의료와
관련된 불필요한 위해의 위험을 최소한으로 낮추는 것은? (   )

02 「환자안전법」에 관해 옳은 답을 고르거나 빈칸을 채우시오.

(1) 「환자안전법」은 ①_____을 위하여, 필요한 사항을 규정함으로써 ②_____ 및
③_____에 이바지함을 목적으로 한다.

(2) 병상수가 ①_____ 병상 이상인 병원급 의료기관(종합병원은 ②_____ 병상 이상)은,
1. 환자안전을 위하여 (③ **환자안전센터 / 환자안전위원회**)를 설치 운영하고,
2. 환자안전 (④ **감독인력 / 전담인력 / 교육인력**)을 두어야 하며,
3. 전담인력은 (⑤ **3년 / 4년 / 5년**) 이상 (⑥ **환자안전분야 / 보건의료기관 / 위험관리분야**)에서 근무한
(⑦ **약사 / 의사 / 안전관리자 / 간호사**)와 전문의가 포함된다.

4. 전담인력은 환자안전활동에 관한 교육을 매년 (⑧ **10시간** / **12시간** / **16시간**) 이상 받아야 한다.

5. 전담인력은 (⑨ **환자안전사고 정보수집 및 공유** / **전담인력의 선임 및 배치** / **환자안전사고 예방위한 보건의료인 교육** / **의료기관의 환자안전체계 구축 운영** / **환자 · 보호자의 환자안전활동을 위한 교육**) 업무를 수행한다.

(3) 보건복지부 장관은 매 (**3년** / **4년** / **5년**)마다 환자안전종합계획을 수립하고 이를 시행하여야 한다.

(4) 환자안전에 관한 사항을 심의하기 위하여 ①_____에 (② **국가환자안전위원회** / **환자안전정책위원회**)를 둔다.

(5) 보건복지부 장관은 ①_____을 위하여 (② **환자안전관리시스템** / **환자안전사고 보고 · 학습시스템**)을 구축하여, 운영하여야 한다.

(6) 환자안전사고를 발생시켰거나 발생한 사실을 알게 된 또는 발생할 것이 예상된다고 판단한 (① **보건의료인** / **방문객** / **환자**) 등 보건복지부령으로 정하는 사람은 보건복지부 장관에게 그 사실을 (② **보고할 수 있다** / **보고하여야 한다**).

03 간호단위관리에 관한 아래 질문에 빈칸을 채우거나, 옳은 답을 고르시오.

(1) 「의료법」상 환자의 권리는 (**진료받을 권리** / **알권리 및 자기결정권** / **신뢰 존중받을 권리** / **비밀을 보호받을 권리** / **설명 및 동의의 권리** / **상담 조정을 신청할 권리**)가 있다.

(2) 병실의 소음은 ①_____dB, 간호사실은 ②_____dB 이하로 유지한다.

(3) 병실온도는 ①_____도, 습도는 ②_____%를 유지한다.

(4) 일반병실의 조도는 ①_____Lux, 처치등을 켰을 때는 ②_____Lux, 일반병동 처치실과 중환자실 처치시는 ③_____Lux이다.

(5) 병실의 색채는 (① **높은** / **낮은**) 채도, (② **높은** / **낮은**) 명도가 좋다.

(6) 「의료법」상 의료기관 신 · 증축 시의 시설기준

① 의원 · 병원급 입원실은 1병실 당 최대 (㉠ **3개** / **4개** / **5개** / **6개**) 병상, 요양병원은 최대 (㉡ **3개** / **4개** / **5개** / **6개**)로 한다.

② 의원/병원급/요양병원 입원실은 (**손씻기** / **소음방지** / **환기**) 시설을 갖추어야 한다.

③ 병상이 (㉠ **100개** / **200개** / **300개**) 이상인 종합병원은 입원실 병상 수의 (㉡ **10분의 1** / **100분의 2** / **100분의 5**) 이상을 중환자실 병상으로 만들어야 한다.

④ 입원실과 중환자실 비교

구분	입원실	중환자실
면적	• 1인실 (㉠)m² 이상 • 다인실 (㉡)m²/인 이상	• (㉢)m²/인 이상
병상 간 거리	• 병상 간 (㉣)m 이상	• 병상 간 (㉤)m 이상 • 벽에서 (㉥)m 이상
음압 격리 병실	• 적용대상: (㉦) 병상 이상의 종합병원 • (㉧) 병상 당 1개, 추가 (㉨) 병상 당 1개 • 480 병상의 병원: (㉩)개 확보해야 함 • 면적: (㉪)m²/인 이상	**음압격리병실 (또는 격리병실)** • 병상 (㉫)개당 1개, 최소 (㉬)개는 음압격리병실 • 22 병상의 중환자실: (㉭)개 확보해야 함

04 아래 질문에 옳은 답을 고르시오.

⑴ 간호단위관리활동 중, 사고발생 원인을 제거하여 미리 예방하는 관리활동은 (**환자관리 / 안전관리 / 위험관리**)이다.

⑵ 안전관리에 관심을 기울여야 하는 사람은 (**경련 / 노인 / 뇌출혈 / 말기환자 / 무기력자 / 판단력 결핍자 / 수동적인 환자 / 협조거부자 / 건망증 / 시력장애**)이다.

⑶ 낙상 고위험군에는 (**청력장애 / 낙상 기왕력자 / 폭력예상자 / 당일 수술환자 / 무의식환자 / 이뇨제 투여환자**)가 있다.

⑷ 화재가 발생하면 먼저 화재사실을 알리고 소화기를 사용하여 진화하며, (① **거동불가능한 환자 / 중환자 / 경환자**)에서 (② **중환자 / 경환자 / 거동가능한 환자**) 순으로 이동시킨다.

⑸ 수혈 시 환자의 (① **혈액형 / 주소 / 혈액번호 / 성명**)을 확인해야 하며, 수혈 (② **직전 / 직후**)과, 수혈시작 (③ **15분 / 20분 / 30분**) 이내에 활력증후를 측정한다.

05 병원감염 관련 아래 질문에 빈칸을 채우거나, 옳은 답을 고르시오.

(1) 병원감염관리는 (① **외인성 / 내인성**) 요인을 예방하기 위한 활동으로, 약 ②_____ %가 감염관리의 대상이다.

(2) 병원에서 가장 흔한 감염체는 ①_____, ②_____, 연쇄상구균 순으로 빈도가 높다.

(3) 병원감염은 ①_____, ②_____, ③_____, 패혈증의 순으로 빈도가 높다.

(4) 「의료법」에 의하면 ①_____ 급(②_____ 병상 이상 병상을 갖춘 병원)은, 병원감염예방을 위해 ③_____ 와 ④_____ 을 설치 운영하고, 「의료법 시행규칙」 제46조(감염관리실의 운영 등) 제1항에 따라 감염관리실(⑤_____, ⑥_____ 또는 ⑦_____ 만 해당한다)에 두는 인력 중 1명 이상은 감염관리실에서 전담 근무해야 한다. 〈개정 2022. 9. 14.〉 의료인 및 의료기관 종사자에게 정기적으로 ⑧_____ 을 실시하여야 하며, 감염병이 유행하는 경우 (⑨ **환자 / 보호자 / 방문객 / 의료기관 종사자 / 경비원**) 등에게 ⑩_____ 를 제공해야 한다.

(5) 의료기관의 감염관리위원회는 (**병원감염에 대한 대책 수립 / 감염관리활동 기록 / 감염관리요원 선정 및 배치 / 병원감염관리 규정의 제정 / 감염병환자 처리**) 등의 업무를 심의하도록 「의료법」에 규정하고 있다.

(6) 감염관리실에서 감염관리 업무를 수행하는 사람은 감염관리에 경험 및 지식이 있는 사람으로서 (① **간호사 / 의사 / 약사 / 의료기관의 장이 인정하는 사람**)으로 하고, 이 중 (② **1 / 2 / 3**)명 이상은 감염관리실에서 전담 근무해야 한다.

(7) 감염관리실 근무인력은 매년 _____ 시간 이상 교육을 이수해야 한다.

06 병원감염관리에 대하여 옳은 답을 고르시오.

가. 표준주의	나. 접촉주의	다. 비말전파주의
라. 공기전파주의	마. 혈액주의	

⑴ B형 간염 (   )   ⑵ 인플루엔자 (   )   ⑶ 홍역 (   )

⑷ 디프테리아 (   )   ⑸ HIV (   )   ⑹ A형 간염 (   )

⑺ 세균성이질 (   )   ⑻ 풍진 (   )   ⑼ 활동성결핵 (   )

⑽ MRSA (   )   ⑾ 성홍열 (   )   ⑿ 수두 (   )

⒀ 백일해 (   )   ⒁ rotavirus (   )   ⒂ 유행성이하선염 (   )

⒃ C. difficile 양성 환자는 ①(   )를 적용하며, 병실을 (② **나온 후 / 나오기 전**) 가운을 벗고 손을 씻어야 한다.

⒄ 최소한 시간당 6~12회의 공기순환이 필요하고, 음압격리병실이 부족할 때 최우선적으로 이용하는 것은?
(   )

⒅ 다른 환자와 적어도 1m의 거리를 두어야 하나, 특별한 환기장치는 필요없는 경우는? (   )

⒆ 환자의 진단명이나 감염상태와 관계없이 모든 환자에게 적용되는 것은? (   )

⒇ 병실 문을 닫아두고, 출입하는 모든 사람이 N95 마스크를 착용하는 관리방법은? (   )

(21) 다제내성균 환자가 코호트 격리가 불가능하면 감염위험이 높은 환자 병실을 피하고, 물리적 장벽을 마련하는 경우는? (   )

Reveiw Test 13

01 옳은 답은 O, 틀린 답에는 X로 표기한 후 틀린 부분에 밑줄 긋고 빈칸에 고쳐 쓰시오.

(1) 마약투여 관련한 마약처방전 또는 진료기록부는 3년간 보관한다. (　　) ＿＿＿＿＿＿＿＿＿＿

(2) 마약은 반드시 잠금장치가 된 마약장에 보관한다. (　　) ＿＿＿＿＿＿＿＿＿＿

(3) 항암제는 투여직전 환자 앞에서 조제 라벨, 환자확인을 위한 팔찌를 1명의 간호사가 확인 후 투여한다.
　　(　　) ＿＿＿＿＿＿＿＿＿＿

(4) KCl 등 고 위험약품은 다른 약품과 분리하여 경고문구가 부착된 지정된 장소에 보관한다.
　　(　　) ＿＿＿＿＿＿＿＿＿＿

(5) 물품의 기능을 분석하여 동일 기능 중 값싼 물품을 구입하는 방법은 자동구매제도이다.
　　(　　) ＿＿＿＿＿＿＿＿＿＿

02 빈칸을 채우거나 알맞은 답을 고르시오.

(1) 주사제 파손 시 파손상태 그대로 ① ＿＿＿＿＿＿까지 보존하며, ② ＿＿＿＿＿＿＿＿를 작성하여 약과 함께
　　약제부(약국)로 보낸다. 보고 시 (③ **파손경위 / 파손 약물의 용량 / 파손자 / 파손 약물 가격 / 파손 후
　　상태**)를 정확히 보고하여야 한다.

(2) 투약 중지된 ① ＿＿＿＿＿＿ 및 ② ＿＿＿＿＿＿도 마약대장에 기록하고 약국에 반납한다. 약국은 반납된
　　① ＿＿＿＿＿＿ 및 ② ＿＿＿＿＿＿을 ③ ＿＿＿＿＿＿＿＿＿＿＿＿＿＿에서 "사용 후 폐기량"에
　　④ ＿＿＿＿＿＿＿＿＿＿을 입력하여 보고하고 자체적으로 폐기한다.

(3) 마약은 일일 재고관리를 하고, 마약대장은 (**일일 1회 / 사용할 때마다 / 근무교대할 때마다**) 환자 개인별
　　로 기록한다.

(4) 마약이 파손되면 남은 약을 (① **버리고 / 보존하여 약국으로 보내고**), 사용 후 남은 마약의 경우에는
　　(② **24시간 / 48시간**) 이내에 반납한다.

(5) 「마약류 관리에 관한 법률」 제32조상 마약 처방전에는 발부자의 (**업소소재지 / 주소 / 상호 / 면허번호
　　/ 서명날인**)과 환자의 성명, 주민등록번호, 마약의 품명 및 수량이 기재되어야 한다.

(6) 물품 중 비품에는 (① **휠체어 / 전자체온기 / 이동식 흡인기 / 진료재료**), 소모품에는 (② **주사기 / 사무용품 / 침대 / 수액세트 / 보행기**) 등이 포함된다.

(7) 물품관리 과정에는 (**기준량 설정 / 물품청구 / 물품비용관리 / 물품보관 / 재고관리 / 물품사용법 지도**) 등이 있다.

(8) 병동에 필요한 물품 기준량 산정 시, 비품은 (① **환자수 / 침상수**), 소모품은 (② **환자수 / 침상수**)에 따라 산정한다.

(9) 물품공급 시 사용량이 많고 부피가 큰 물품은, 사용량만큼 채워주는 (**정수보충 / 정수교환 / 정규청구**) 방식으로 공급한다.

(10) 물품 재고관리의 목적은 (**기준량 확보 / 소모량 파악 / 불필요한(수선) 물품 파악 / 보관환경 확인 / 유효기간 관리**)이다.

(11) 간호기록의 목적은 (**의사소통 / 법적 증거 / 교육 / 표준 설정 / 진료비 산정 / 질 향상**)을 위함이다.

(12) 간호기록 시 (**정확성 / 적합성 / 일반성 / 완전성 / 간결성 / 적시성**)을 준수해야 한다.

(13) 간호보고는 간호사를 (**법적 소송에서의 보호 / 질 향상 / 업무파악과 조정 / 법적 증거**)를 위해 필요하다.

(14) 보고서에는 (**사건일시 / 사고 대상자 이름 / 추정되는 원인 / 사건내용 / 환자의 반응 / 후속조치**) 등을 작성한다.

03 24시간 보고서에 포함되는 내용은 A, 사건보고서에 포함되는 내용은 B를 적으시오.

(1) 중환자수		(2) 도난사고	
(3) 환자낙상		(4) 입원/퇴원 환자	
(5) 마약분실		(6) 기구파손	
(7) 환자의 일일상태		(8) 총 입원환자 수	
(9) 약물오남용		(10) 수술 / 특수검사환자	

04 적절한 답을 고르시오.

(1) 개인이나 조직이 의사결정하는 데 사용되도록 의미있고 유용한 형태로 처리된 것은 (**자료 / 정보 / 지식**)이다.

(2) 병원정보시스템에서 진료내역, 진료비, 약품, 소모품 등의 다양한 자료에 대해 통합, 저장, 관리가 가능한 것은 (**OCS / 데이터베이스 / LAN**) 때문이다.

⑶ 간호정보체계의 궁극적인 목적은 (**신속한 정보 활용** / 간호자료의 저장 / 정확한 기록 / **양질의 간호 제공**) 이다.

⑷ 의사가 환자를 진단 후 처방전을 통신망을 통해 각 해당 진료부서로 전달해 주는 시스템은 (① EMR / **OCS** / PACS)이며, 가장 기본적인 기능은 (② **정확하고 신속한 의사전달** / 업무자료의 입력 정리 보관 / 영상정보의 저장 검색)이다.

⑸ 간호기록 전산화의 장점에는 (**내용의 표준화** / 간접간호시간 증가 / **효율성 증가** / **적시성 향상** / **접근성 향상** / **간호연구 촉진**) 등이 있다.

05 해나와 볼(Hanna & Ball)이 구분한 간호정보체계의 활용은?

가. 간호연구	나. 간호실무	다. 간호교육	라. 간호행정

⑴ OCS, PACS (　　　)　　　⑵ 컴퓨터보조학습 (　　　)　　　⑶ 질 향상시스템 (　　　)

⑷ 환자분류시스템 (　　　)　　　⑸ MEDLINE (　　　)　　　⑹ 물품관리시스템 (　　　)

⑺ 간호과정시스템 (　　　)　　　⑻ 근무번관리시스템 (　　　)　　　⑼ 환자모니터링시스템(　　　)

⑽ 데이터마이닝 (　　　)　　　⑾ 데이터웨어하우징 (　　　)　　　⑿ e – 러닝 (　　　)

06 빈칸을 채우거나 옳은 답을 고르시오.

⑴ 「개인정보 보호법」 제3조(개인정보 보호 원칙)
　① 개인정보처리자는 개인정보의 처리 목적을 명확하게 하여야 하고 그 목적에 필요한 범위에서 (**최소한의** / 최대한의) 개인정보만을 적법하고 정당하게 수집하여야 한다.
　② 개인정보처리자는 개인정보를 (㉠ **익명** / 실명) 또는 (㉡ **가명** / 실명)으로 처리하여도 개인정보 수집 목적을 달성할 수 있는 경우 (㉢ **익명** / 실명)처리가 가능한 경우에는 (㉣ **익명** / 실명)에 의하여, (㉤ **익명** / 실명)처리로 목적을 달성할 수 없는 경우에는 (㉥ **가명** / 실명)에 의하여 처리될 수 있도록 하여야 한다. 〈개정 2020. 2. 4.〉

⑵ 「개인정보 보호법」 제22조의2(아동의 개인정보 보호)
　① 개인정보처리자는 만 14세 미만 아동의 개인정보를 처리하기 위하여 이 법에 따른 동의를 받아야 할 때에는 그 (㉠ 본인 / **법정대리인**)의 동의를 받아야 하며, (㉡ 본인 / **법정대리인**)이 동의하였는지를 확인하여야 한다.
　② 제1항에도 불구하고 ㉠_____의 동의를 받기 위하여 필요한 ㉡_____의 정보로서 대통령령으로 정하는 정보는 ㉢_____의 동의 없이 해당 아동으로부터 직접 수집할 수 있다.

07 마케팅에 대한 옳은 답을 고르시오.

(1) 마케팅 개념은 (① **공장 / 표적시장**) 중심적이고, (② **고객욕구 / 제품**)에 초점을 두며, (③ **통합적 마케팅 / 판매 및 촉진**)을 수단으로 하고, (④ **판매량을 통한 이익 / 고객만족을 통한 이익**)을 추구한다.

(2) 마케팅 개념에는 (**시장 중심적 / 생산 지향적 / 판매 지향적 / 고객 중심적**) 개념이 포함된다.

08 서비스의 특성에 따른 문제점과 해결방안을 고르시오.

가. 이질성	나. 소멸성	다. 무형성	라. 비분리성

(1) 문제점

① 설명이 어렵고 저장이 불가능		② 서비스 생산에 고객이 참여하고, 대량생산 불가능	
③ 표준화 및 품질 통제가 불가능		④ 저장/판매 불가하여 수요 공급의 균형문제 소지	

(2) 해결방안

① 친절하고 세심한 고객관리		② 서비스의 표준화, 정형화	
③ 비수기의 수요변동에 대비		④ 유형적 단서 강조	
⑤ 신뢰받는 기업이미지 창출		⑥ 구성원의 선발/교육에 비중	
⑦ 서비스의 고객맞춤화		⑧ 구매 후 커뮤니케이션 강화(퇴원환자 전화)	
⑨ 여러 지역에 서비스망 구축		⑩ 제공되는 효익 강조	
⑪ 서비스 접점관리에 중점		⑫ 표준간호실무지침 개발	
⑬ 진료예약제도, 서비스 이용시간 정보제공		⑭ 의료인력의 지속적 역량개발	
⑮ 아는 사람 등 개인적 정보원 이용		⑯ 서비스의 주문화, 고객화, 개별화	
⑰ 요실금 수술환자에게 동일한 수술의 치료과정을 동영상으로 보여줌			

09 마케팅 전략수립 과정을 순서대로 적으시오.　　(　 → 　 → 　 → 　 → 　 → 　)

가. 포지셔닝	나. 시장세분화	다. 상황 분석
라. 표적시장 선정	마. 마케팅 실행 및 통제	바. 마케팅믹스 전략수립

10 옳은 답을 고르시오.

⑴ 서비스마케팅과정 중 상황분석에서는 (**환경 / 경쟁 / 직원 / 고객 / 자원**)을 분석한다.

⑵ 시장세분화가 효과적으로 이루어지기 위해서는 (**통제가능성 / 실질적 규모 / 접근가능성 / 명확한 구분성 / 시간적 적정성 / 차별된 반응성 / 실행가능성**)이 있어야 한다.

⑶ 시장세분화의 목적은 (**정확한 시장상황 파악 / 조직의 경쟁좌표 설정 / 마케팅 믹스전략 개발 / 마케팅 자원의 효과적 배분 / 정확한 표적시장 선정 / 변화하는 시장수요에 적극적 대응**)이다.

⑷ 의료기관/서비스를 고객의 마음 속에 어떤 위치로 할 것인가를 결정하는 것은 (**시장세분화 / 포지셔닝 / 표적시장 선정**)이다.

11 표적시장 선정 전략이 옳은 것을 고르시오.

가. 집중화 마케팅　　　나. 일대일 마케팅　　　다. 비차별화 마케팅　　　라. 차별화 마케팅
⑴ 개별 고객을 별도 세분시장으로 간주하는 전략은? (　　　)   ⑵ 적합한 세분시장을 선정 시 높은 수익률을 올릴 수 있으나 위험부담률이 높은 전략은? (　　　)   ⑶ 전체 시장에 동일한 한 가지 전략을 사용하는 마케팅은? (　　　)   ⑷ 한 개 혹은 소수의 세분시장 만을 표적시장으로 삼고, 자원이 제한적일 때 사용하는 전략은? (　　　)   ⑸ 구매자의 욕구에 초점 맞춰 전체 시장을 몇 개의 세분시장으로 나누어 시장마다 차이를 두는 마케팅은? (　　　)

12 McDonald & Payne의 표적시장 분류를 연결하시오.

가. 리쿠르트 시장　　　　나. 영향자 시장　　　　다. 내부시장   라. 공급업자시장　　　　마. 간호의뢰시장　　　바. 간호고객시장
⑴ 국회 (　　　)　　　⑵ 의사 (　　,　　)　　　⑶ 간호사 (　　　)   ⑷ 간호학생 (　　　)　　⑸ 병원협회 (　　　)　　⑹ 간호유휴인력 (　　　)   ⑺ 일반 대중 (　　　)　　⑻ 소비자단체 (　　　)　　⑼ 병원행정가 (　　　)   ⑽ 환자와 가족 (　　　)　　⑾ 의료용품 제조/공급업자 (　　　)

13 아래 질문에 해당하는 마케팅 믹스 전략을 고르시오.

가. 제품전략	나. 가격전략	다. 유통전략	라. 촉진전략

(1) 인터넷을 통한 쌍방향 건강상담 서비스를 제공하는 전략은? (　　　)

(2) 간호업무과정을 개선하여 간호서비스를 질 관리하는 전략은? (　　　)

(3) 보호자 없는 병동, 입원환자교육, 간호실명제, 각종 교육자료 개발 등은 어떤 전략인가? (　　　)

(4) 지역주민의 건강관리 서비스의 접근을 원활히 하기 위해 종합건강검진센터를 운영하려는 전략은?
　　 (　　　)

(5) 너싱홈, 비만관리서비스, 가정간호서비스 등 새로운 서비스를 개발하는 전략은? (　　　)

(6) 고객과의 직접접촉을 추진하고, 간호사의 외모, 친절한 태도, 언어를 강화하는 전략은? (　　　)

(7) 진료시간 연장, 자가간호를 위한 스마트 어플리케이션, 지역사회간호서비스센터 운영 등의 마케팅 전략은?
　　 (　　　)

(8) 퇴원 후 우편조사나 전화걸기, 책자 보내기 등의 전략은? (　　　)

(9) 통증관리센터, 당일수술센터 등 특수클리닉을 개설하는 전략은? (　　　)

(10) 수납창구의 층별 분산, 업무과정의 자동화, 주차장 운영, 중환자가족 대기실을 운영하는 마케팅 전략은?
　　 (　　　)

(11) 증가하는 암환자의 통증관리와 영양수액 투여를 위해 가정간호서비스를 개발하는 전략은? (　　　)

(12) 멀리 떨어져 있어 올 수 없는 노인을 위해 가까운 초등학교를 빌려 무료건강교육 실시하는 전략은?
　　 (　　　)

(13) 환자 대기시간을 줄이고 장애인을 위해 계단을 없앤 것을 홈페이지에 게재한 경우, 전략 2가지는?
　　 (　　 ,　　)

(14) 보건소에서 '직장인을 위해 점심시간 진료를 실시하고, 주차요금을 면제한다'는 내용을 신문에 게재한
　　 경우, 사용한 마케팅 전략 3가지는? (　　 ,　　 ,　　)

01 「의료법」상 간호사의 업무에 대하여 빈칸을 채우시오.

(1) 간호요구에 대한 관찰, 자료수집, _____ 및 요양을 위한 간호

(2) 의사, 치과의사, 한의사의 지도하에 시행하는 _____의 보조

(3) 간호 요구자에 대한 _____ 및 _____을 위한 활동의 기획과 수행, 그 밖의 대통령령으로 정하는 보건활동

(4) 간호조무사가 수행하는 업무보조에 대한 _____

02 옳은 답은 O, 틀린 답에는 X로 표기한 후 틀린 부분에 밑줄 긋고 빈칸에 고쳐 쓰시오.

(1) 거짓이나 그 밖의 부정한 방법으로 의료인 면허 발급 요건을 취득하거나, 국가시험에 합격한 경우 면허 자격정지이다. (   ) _____

(2) 일반간호사에게 알려지지 않았지만, 해당 간호사가 이를 알 위치에 있다면, 결과예견의무는 없다.

(   ) _____

(3) 동료 의료인의 잘못된 행위, 간호보조인력의 행위, 의료장비 및 의약품 사용에 대한 확인의 의무는 간호사의 결과예견의무이다. (   ) _____

(4) 주의의무의 과실판단의 객관적 기준은 통상적인 간호사의 전문적 주의능력이다.

(   ) _____

(5) 의료법상 간호기록부에 기재해야 할 사항은, 간호사의 성명, 체온 · 맥박 · 호흡 · 혈압에 관한 사항, 투약에 관한 사항, 섭취 및 배설에 관한 사항, 처치 및 검사, 간호 장소에 관한 사항 등이 있다.

(   ) _____

(6) 환자의 배우자, 직계 존속비속, 형제자매(환자의 배우자/직계존비속, 배우자 직계존속이 모두 없는 경우) 또는 배우자의 직계 존속이 가족의 동의서와 친족관계임을 나타내는 증명서를 첨부하여 요청하는 경우는 기록의 열람이 가능하다. (   ) _____

(7) 전단적 의료가 발생하지 않도록 의료인이 준수해야 하는 법적 의무는 확인의무이다.

(   ) _____

(8) 다른 의료인으로부터 진료기록의 사본 송부를 요청받은 경우에는 환자의 동의없이 송부한다.

(   ) _____

03 알맞은 답을 고르시오.

(1) 간호사가 간호기록부를 거짓으로 작성하는 경우는 (① **면허 취소 / 면허 자격정지**)이며, 자격 정지 처분 기간 중에 의료행위를 하거나 3회 이상 자격 정지 처분을 받은 경우 (② **면허 취소 / 면허 자격정지**)이다.

(2) 반드시 면허 취소되는 경우는 (비도덕적 진료행위 / 정신질환자 / 성감별 금지 위반자 / 피성년후견인 / 향정신성의약품 중독자 / 면허를 대여한 경우 / 거짓이나 그 밖의 부정한 방법으로 의료인 면허 발급 요건 을 취득한 경우)이다.

(3) 면허를 취소할 수 있는 경우는 (면허 조건을 이행하지 아니한 경우 / 사람의 생명 또는 신체에 중대한 위 해를 발생하게 할 우려가 있는 수술, 수혈, 전신마취를 의료인 아닌 자에게 하게 하거나 의료인에게 면허 사항 외로 하게 한 경우 / 의료인은 일회용 의료기기를 한 번 사용한 후 다시 사용하여 사람의 생명 또는 신체에 중대한 위해를 발생하게 한 경우 / 의료인의 품위를 심하게 손상시키는 행위를 한 때)이다.

(4) 「의료법」에 의하면, (환자 / 보호자 / 가족)는 본인에 관한 기록의 열람 또는 그 사본의 발급 등 내용의 확인을 요청할 수 있다.

(5) 「의료법」상 보수교육은 연 (① 6 / 8 / 10)시간 이상 이수해야 하며, 교육내용은 (② 선진 의료기술 등의 동향 및 추세 / 환자안전 / 의료인 신고 / 의료관계 법령의 준수 / 업무 전문성 향상 및 업무개선 / 감염 관리 / 직업 윤리)에 관한 사항을 포함해야 한다.

04 「의료법」에서의 설명의무 내용이 옳은 것을 고르시오.

(1) 「의료법」상 담당의사로부터 치료의 필요성과 방법 등에 관하여 충분한 설명을 듣고 이에 관한 동의여부를 결정할 수 있는 환자의 권리는 (진료받을 권리 / 알권리 및 자기결정권 / 상담 및 조정 신청권 / 비밀을 보호받을 권리)이다.

(2) 설명의무의 대상은 의사, 치과의사 또는 한의사가 사람의 생명 또는 신체에 중대한 위해를 발생하게 할 우려가 있는 (① **수술 / 시술 / 수혈 / 전신마취**) 하는 경우이며, 이때는 환자에게 설명하고 (② **구두 / 서면**)으로 동의를 받아야 한다.

(3) 설명의무가 면제되는 상황은, 설명 및 동의 절차로 수술 등이 지체되면 (발생할 위험이 전형적인 경우 / 환자의 생명이 위험해지는 경우 / 심신상의 중대한 장애를 가져오는 경우)이다.

(4) 설명하고 동의를 받아야 하는 사항은 (발생하거나 발생가능한 증상의 진단명 / 수술 등의 필요성 · 방법 · 내용 / 불치료시의 경과 및 위험 / 설명을 한 의사와 수술 등에 참여한 주된 의사의 성명 / 전형적으로 발생이 예상되는 후유증 · 부작용 / 수술 등 전후 환자가 준수해야 하는 사항)이다.

(5) 동의를 받은 사항 중 (① **수술 등의 방법 · 내용 / 수술 등에 참여한 주된 의사 / 예상되는 부작용**)가 변경 된 경우에는 변경사유와 내용을 (② **구두 / 서면**)으로 알려야 한다.

05 용어의 정의가 옳은 것을 적으시오.

| 가. 간호과오 | 나. 간호사고 | 다. 간호과실 | 라. 과오 |
| 마. 과실 | 바. 전단적 의료 | 사. 업무상 과실 | 아. 불법행위 |

(1) 통상 요구되는 주의의무를 태만히 하는 것으로, 합리적이고 신중한 태도로 행동하지 못한 잘못 (   )

(2) 간호과오가 객관적으로 입증되거나 인정되었을 때 (   )

(3) 불법 행위 중 특수한 직무를 수행하다가 저지른 과실 (   )

(4) 고의 혹은 과실로 인한 위법행위로 타인에게 손해를 끼치는 행위 (   )

(5) 간호사가 주의의무를 게을리하여 환자에게 인신상의 손해를 발생하게 한 것을 총칭하는 것 (   )

(6) 의료인이 위험성이 있는 의료행위를 실시하기 전에 환자의 동의없이 의료행위를 실시하는 것 (   )

(7) 간호사가 간호업무 수행 과정에서 환자에게 예상외의 원하지 않았던 불상사가 야기된 것을 총칭하는 것
(   )

(8) 합리적이고 신중하게 행동하도록 교육받고 훈련된 전문가에게 기대되는 실무표준을 위반하는 경우
(   )

06 법적 책임에 관한 질문에 대해 옳은 것을 고르시오.

(1) (① **민사 / 형사**)책임의 목적은 가해자를 제재하고 범죄 발생을 예방하기 위함이고, (② **민사 / 형사**) 책임의 목적은 가해자에 대하여 사적인 책임추궁, 발생한 손해의 전보이다.

| 가. 업무상과실치사상죄 | 나. 채무불이행책임 | 다. 불법행위책임 |
| 라. 사용자 | 마. 채무자 | |

(2) 민사책임은 ①(,   )이고, 형사책임은 ②(   )이다.

(3) 위법행위자에 대한 사회적인 책임을 추궁하는 것은 ①(   )이고, 사적 책임을 추궁하는 것은
②(,   )이다.

(4) 고의나 과실로 불완전한 이행을 하고 손해가 발생하여 불완전한 이행과 손해간의 인과관계가 밝혀지면, (   )을 져야 한다.

(5) 간호사의 과실로 인해 불법행위책임을 져야 한다면, (   )가 책임을 진다.

(6) 간호사의 주의의무 위반으로 환자가 중상이나 사망에 이르러 벌금이나 징역을 선고받았다면, (   )에
해당한다.

(7) 채무불이행책임에서 이행보조자의 고의나 과실은 ①(   )의 고의나 과실로 보며, ②(   )에게 입증
책임이 있다.

07 간호윤리와 관련된 아래 질문에 답하시오.

가. 선행	나. 악행금지	다. 자율성	라. 정의	마. 정직
바. 신의	사. 성실	아. 사전동의	자. 선의의 간섭주의	

(1) 사전동의의 원칙은 어느 원리에 근거를 두고 있는가? (   )

(2) 대상자 개인 인격의 독자성으로부터 기인하는 것으로, 약속을 지켜야 한다는 윤리원칙은? (   )

(3) 우리나라 건강보험은 필요한 사람에게만 지급되는데, 이는 어느 윤리원리에 의한 것인가? (   )

(4) 대상자가 동의할 능력이 있고, 자발적인 결정이며, 충분한 지식을 듣고 이해할 수 있어야 확보되는 원칙은? (   )

(5) 대상자의 비밀을 타인에게 알리지 말아야 하며, 알려야 할 경우 전문적인 판단을 해야 하는 윤리규칙은? (   )

(6) 해의 조건, 자율성의 조건, 승인의 조건을 갖추어야 윤리적으로 정당화되는 것은? (   )

(7) 수술 후 통증으로 운동을 안하려는 수술환자에게 간호사가 교육을 실시했다면, 충돌하는 윤리원칙은? (,   )

(8) 환자의 통증완화를 위해 위약(placebo)를 투여하는 간호사는 어느 윤리적 원칙의 충돌을 경험하는가? (,   )

(9) 섬망으로 낙상을 염려하여 본인이 원하지 않는 억제대를 적용하는 간호행위가 타당화되는 윤리원칙은? (   )

08 옳은 답은 O, 틀린 답에는 X로 표기한 후 틀린 부분에 밑줄 긋고 빈칸에 고쳐 쓰거나, 옳은 답을 고르시오.

(1) 한국간호사윤리강령은 1970년 제정되고, 1983년, 1995년, 2006년, 2014년, 2023년에 개정되었다.

(   ) _____

(2) 5차 윤리강령의 책무는 '인간의 생명을 존중하고 인권을 지키는 것'이다. (   ) _____

(3) 5차 개정된 윤리강령의 제정목적은, 국민의 건강과 안녕에 이바지하는 전문직 종사자로서 간호사의 위상과 긍지를 높이고, (① **윤리의식 / 책임의식**)의 제고와, (② **전문적 / 사회적**) 책무를 다하기 위함이다.

(4) 5차 개정에서 신설된 조항은 (**취약한 간호 대상자 보호 / 인간의 존엄성 보호 / 건강 환경 구현**) 조항에 포함되었다.

09 4차 → 5차 강령으로 개정되면서 변경된 윤리강령 조항의 제목을 적으시오.

(1) 전문적 활동 → _____

(2) 대상자 보호 → _____

(3) 생명과학기술과 존엄성 보호 → _____

10 아래 질문에 알맞은 답을 고르시오.

① 알 권리 및 자기결정권 존중	② 사생활보호 및 비밀유지	③ 첨단 생명 과학 기술 협력과 경계
④ 간호표준 준수	⑤ 관계윤리 준수	⑥ 정의와 신뢰의 증진
⑦ 간호 대상자 보호	⑧ 안전을 위한 간호	⑨ 건강 및 품위유지
⑩ 취약한 간호 대상자 보호	⑪ 교육과 연구	⑫ 건강환경 구현
⑬ 윤리적 간호 제공	⑭ 평등한 간호 제공	⑮ 개별적 요구 존중
⑯ 정책 참여	⑰ 대상자 참여 존중	

(1) 5차 개정에서, '간호사와 대상자'에 포함되는 조항은? (,   ,   ,   ,   ,   )

(2) 5차 개정에서, '전문인으로서의 간호사의 의무'에 포함되는 조항은?

　(,   ,   ,   ,   ,   )

(3) 5차 개정에서, '간호사외 협력자'에 포함되는 조항은? (,   ,   )

(4) 간호사는 첨단 생명 과학 기술을 적용한 보건 의료 연구에 협력함과 동시에 관련 윤리적 문제에 대해 경제하고 대처한다. (   )

(5) 간호사는 모든 업무를 대한간호협회 간호 표준에 따라 수행하고 간호에 대한 자신의 판단과 행위에 책임을 진다. (   )

(6) 간호사는 간호의 전 과정에서 간호 대상자의 안전을 우선시 하며, 위험을 최소화하기 위한 조치를 취해야 한다. (   )

(7) 간호사는 간호의 전 과정에 간호 대상자 참여시키며 충분한 정보 제공과 설명으로 간호 대상자가 스스로 의사 결정을 하도록 돕는다. (   )

(8) 간호사는 의료자원의 분배와 간호 활동에 형평성과 공정성을 유지함으로써 사회의 공동선과 신뢰를 증진하는 데에 기여한다. (   )

(9) 간호사는 동료 의료인이나 간호 관련 종사자에 의해 간호 대상자의 건강과 안전이 위협받는 경우, 간호 대상자를 보호하기 위한 직결한 조치를 취한다. (   )

(10) 간호사는 건강을 위협하는 사회적 유해 환경, 재해 생태계의 오염으로부터 간호 대상자를 보호하고 건강한 환경을 보전, 유지하는 데 적극적으로 참여한다. (   )

(11) 간호사는 간호 전문직의 발전과 국민 건강 증진을 위해 간호 정책 및 관련 제도의 개선 활동에 적극적으로 참여한다. (   )

⑿ 간호사는 동료 의료인이나 간호 관련 종사자와 협력하는 경우 상대를 존중과 신의로서 대하며, 간호 대상자 및 사회에 대한 윤리적 책임을 다한다. (   )

⒀ 간호사는 간호수준의 향상과 근거기반 실무를 위한 교육과 훈련에 참여하고, 간호표준 개발 및 연구에 기여한다. (   )

정답

Review Test 01

01

(1) 사　(2) 바　(3) 다　(4) 나　(5) 라
(6) 가　(7) 마

02

(1) ① 효과성　　② 효율성
(2) ① 결과　　② 목적　　③ 장기
　　④ 대상　　⑤ 옳은 일을 하는가
　　⑥ 가치　　⑦ 대외지향적　⑧ 동태적
(3) ① 저효과적　　② 고효율적
(4) 상황적합성 / 과학적방법론 / 성과지향적 /
　　인간중심적

03

(1) (X), 매리너 토미 → 페이욜
(2) (X), 효과성 → 생산성
(3) (O)
(4) (X), 일선 → 중간
(5) (X), 중간 → 최고
(6) (X), 중간 → 일선
(7) (X), 인간적 → 개념적

04

(1) 나　(2) 가　(3) 나　(4) 다　(5) 다
(6) 나　(7) 다　(8) 가　(9) 가　(10) 나
(11) 가　(12) 가, 나　　(13) 다　(14) 가
(15) 다　(16) 나　(17) 다　(18) 가　(19) 나
(20) 다　(21) 다　(22) 나　(23) 가, 나
(24) 나　(25) 가　(26) 나

05

(1) 나, 다, 자
(2) 가, 바, 사
(3) 라, 마, 아, 차
(4) 사　(5) 라　(6) 자　(7) 차　(8) 바
(9) 아　(10) 가　(11) 마
(12) ① 정보적 차원(의사소통, 통제),
　　② 인적 차원(지휘, 연결),
　　③ 행동 차원(수행, 처리)

06

(1) ① 구조론적　② 폐쇄 – 합리적
(2) ① 조직　② 개방적 – 폐쇄적
　　③ 인간　④ 합리적 – 사회적(자연적)
(3) ① 시간 – 동작　② 표준화　③ 분업
　　④ 선발, 훈련, 배치　⑤ 차별 성과급제
(4) 경제인 / 기계인
(5) 기능적 업무분담 / 간호업무량 측정 /
　　간호실무표준 / 표준진료지침(CP) / 성과급제
(6) 권한의 원칙 / 계층연쇄의 원칙 / 질서의 원칙 /
　　규율의 원칙 / 분업의 원칙 / 공정성의 원칙 /
　　고용안정의 원칙 / 사기의 원칙
(7) 질서

07

(1) (X), 관료제 → 과학적관리론
(2) (X), 경영과학론 → 행정관리론
(3) (O)

Review Test 02

01

(1) 바   (2) 라   (3) 사   (4) 나   (5) 다, 바

(6) 나, 아   (7) 가, 라, 사   (8) 나, 아

(9) 다, 바   (10) 나, 바   (11) 다

(12) 사   (13) 아   (14) 다   (15) 가   (16) 바

(17) 아   (18) 자   (19) 사   (20) 바   (21) 차

(22) 사   (23) 나   (24) 자   (25) 아   (26) 나

02

(1) 나, 라, 바   (2) 마   (3) 아   (4) 차

(5) 사 (6) 자

03

(1) (X), 철학 → 목표

(2) (X), 과정 → 결과

(3) (X), 감소 → 대처

(4) (X), 정태적 → 동태적

(5) (X), 인사 → 통제

(6) 지침적

04

(1) 정책   (2) 목표   (3) 철학   (4) 절차   (5) 나

(6) 라   (7) 다   (8) 가   (9) 사   (10) 라

(11) 차   (12) 자   (13) 나   (14) 라   (15) 다

(16) 나   (17) 가

Review Test 03

01

(나 → 다 → 사 → 가 → 마 → 라 → 바)

02

(1) 가   (2) 다   (3) 나   (4) 다   (5) 나

(6) 가   (7) 나   (8) 마   (9) 라

03

(1) (X), 조직 → 통제

(2) (X), 간트도표 → 주경로일정표(CPM)

(3) (X), PERT → 기획예산제도 (PPBS)

(4) (X), 진행표 → 간트도표

04

(1) ① 로크   ② 목표설정

(2) ① 목표   ② 참여   ③ 피드백

(3) ① 단기적   ② Y론적   ③ 정기적으로

(4) (X), 일선관리자 → 최고관리자

(5) (X), 조직 → 통제

(6) (X), 있는 → 없는

(7) (O)

(8) (X), 지휘 → 통제

(9) (X), 불명확 → 명확

(10) (X), 과정중심주의 → 산출중심주의

05

(1) 선택적 행위 / 보편적 과정 / 계속성 / 정신적 과정

(2) 문제해결 / 상황분석

(3) 대안개발 및 선택

(4) 문제인식

(5) ① 대안선택   ② 상황분석   ③ 상황평가

(6) 위험 상황의 의사결정

(7) 가   (8) 다   (9) 나   (10) 가   (11) 나

(12) 다

06

(1) B   (2) B   (3) A   (4) B   (5) A

(6) B   (7) A   (8) B   (9) B

07

(1) 다   (2) 라   (3) 가   (4) 나   (5) 다

Review Test 04

01

(1) ① 조달   ② 운영   ③ 가치

(2) 재무계획기능 / 재무통제기능 / 자본조달기능 /
투자결정기능

02

(1) 라

(2) ① 특정기간   ② 바   ③ 아   ④ 카

(3) ① 일정시점   ② 마   ③ 자, 차   ④ 사

(4) 타   (5) 다   (6) 가   (7) 나   (8) 다

03

① 고정비용   ② 직접비용

04

(1) 예산

(2) ② 통제

(3) ① 예산심의   ② 예산확정   ③ 예산집행
     ④ 회계감사

(4) 책임의 원칙 / 재량의 원칙 / 보고의 원칙 /
계획의 원칙

05

(1) 가   (2) 마   (3) 라   (4) 마   (5) 가

(6) 나   (7) 가   (8) 다

06

(1) 나   (2) 라   (3) 가   (4) 다

(5) 나   (6) 다

07

(1) 포괄수가제

(2) 상대가치수가제도

(3) ① 점수   ② 기본단가

(4) 행위 소요시간 / 육체적 노력 / 환자 위급성 /
위험성에 따른 스트레스 / 임상인력 인건비 /
치료 재료비 / 기술 / 의료사고 위험도

(5) 수정체수술 / 제왕절개술 / 서혜 및 대퇴부 탈장
수술 / 편도선수술 / 충수절제술 / 자궁수술 /
항문수술

(6) 포괄수가제

(7) ① 포괄수가   ② 행위별   ③ 603

Review Test 05

01

(1) ① 일당
     ② 간호관리료 / 노인장기요양보험 시설수가

(2) ① 가정간호수가   ② 방문간호   ③ 방문 시간당

(3) ① 시설   ② 환자분류군별

02

(1) ① 일당   ② 간호사

(2) ① 6   ② 2007   ③ 감산   ④ 지역

(3) ① 환자 수   ② 간호사 수   ③ 환자 수
     ④ 간호사 수

(4) ① 병상 수   ② 간호사 수   ③ 병상 수
     ④ 간호사 수

(5) 의원급

(6) 1

(7) ① 상급종합병원   ② 50%

(8) 응급실 / 신생아실 / 분만실 / 회복실 / 중환자실 /
집중치료실 / 격리실 / 무균치료실 / 인공신장실 /
낮병원 / 납차폐특수치료실

(9) ① 2007 ② 4 ③ 2008

⑩ ① S ② 4 ③ 1

⑪ ① 4 ② 50

⑫ ① 병원감염 ② 국가

⑬ ① 병원급
② 병원 / 치과병원 / 한방병원 / 종합병원
③ 공공보건의료기관 중 보건복지부령으로 정하는

⑭ 간호사 / 간호조무사 / 병동지원인력 /
재활지원인력

⑮ ① 병동단위 ② 팀간호체계 ③ 간호간병료
④ 간호간병료

03

(1) ① 제4세대 ② 제3세대

(2) 2상한

(3) 생산능력활동 / 오락과 휴식 / 예방 / 교육 /
인간관계 구축 / 중장기계획

04

(1) (X), 기획 → 조직

(2) (X), 명령통일 → 계층제

(3) (X), 통솔범위 → 명령통일

(4) (X), 분업전문화 → 계층제

05

(1) 다   (2) 나   (3) 마   (4) 가   (5) 라

(6) 다   (7) 가   (8) 다   (9) 라, 마

06

(1) 나, 바

(2) (X), 넓어진다 → 좁아진다

(3) (O)

(4) (X), 자율적 → 통제적

(5) (X), 집권화 → 분권화

07

(1) 나   (2) 라   (3) 가   (4) 마   (5) 사

(6) 바

08

(1) (X), 적어진다 → 많아진다

(2) (O)

(3) (X), 낮아진다 → 높아진다

(4) (X), 감소한다 → 증가한다

(5) (X), 안정된 상황 → 급변하는 상황

(6) (X), 위임받은 자 → 위임한 자

(7) (X), 적은 양 → 많은 양 / 예외적인 → 일상적인

(8) (과업의 복잡성 / 조직 규모 / 조직문화 /
비용 / 통제기술 / 지역분산)

09

(1) 표준화   (2) 분화

(3) 권한   (4) 가, 나, 라

(5) 라   (6) 가

(7) 라   (8) 나, 라

Review Test 06

01

(1) 집권화   (2) 분권화

(3) 분권화   (4) 집권화

(5) 분권화

(6) 조직의 규모 / 조직의 방침 / 직무의 성질 /
외부환경 / 비용 / 관리자의 능력 / 시장의 분포

02

(1) A   (2) B   (3) A   (4) A   (5) B

03

(1) 공식화 / 집권화

(2) 전략 / 기술 / 규모 / 환경 / 권력 − 통제

(3) ① 단순 ② 낮은 ③ 낮은 ④ 유기적 ⑤ 수직적

(4) ① 좁고 ② 일원화 ③ 수직적 ④ 고층
⑤ 기계적

(5) ① 기계적 ② 유기적

04

(1) 아 (2) 마 (3) 나 (4) 자 (5) 라

(6) 다 (7) 나 (8) 사 (9) 바 ⑽ 가

⑾ 나 ⑿ 차 ⒀ 다 ⒁ 바 ⒂ 사

⒃ 차 ⒄ 나

05

(1) 간호전달체계 or 간호업무분담체계

(2) 고위험과 고비용이 드는 질병 / 계획된 시간 틀이
짜여져 있는 경우 / 비슷한 처치와 자원이 요구
되는 환자

(3) 나 (4) 다 (5) 마 (6) 가 (7) 라

(8) 다 (9) 바 ⑽ 사 ⑾ 나 ⑿ 가

⒀ 나 ⒁ 라 ⒂ 가 ⒃ 나, 사

06

(1) 구성원의 사고와 행동

(2) 학습됨 / 지속적 / 고유성 / 변화저항적 /
주체적 노력의 결과

(3) 초개인적인 (4) 정체성

(5) 다, 아 (6) 자 (7) 사

(8) 바 (9) 라

07

(1) 나 (2) 라 (3) 마

08

(1) 바 (2) 라 (3) 마 (4) 나 (5) 다

09

(1) 구조적 / 기술적 / 인간적

(2) ① 구조적 ② 기술적

(3) ① 기술적 ② 인간적 ③ 기술적 ④ 구조적

10

(1) 아 (2) 나 (3) 다 (4) 마 (5) 라

(6) 가

11

(1) 바 (2) 나 (3) 다 (4) 라 (5) 나

(6) 마 (7) 가

12

(1) 다 (2) 가 (3) 다 (4) 나 (5) 나

(6) 가 (7) 다 (8) 나

13

(1) 직무평가 (2) 직무분석 (3) 직무설계

14

(1) 마 (2) 가 (3) 다, 마

(4) 나 (5) 다 (6) 자아실현욕구

Review Test 07

01

① 성장 ② 다양성 ③ 정체성 ④ 중요성 ⑤ 자율성
⑥ 피드백 ⑦ 의미감 ⑧ 책임 ⑨ 인식

02

(1) 권한과 책임의 한계 명확화 / 직원의 합리적
채용 / 인사고과 / 직무급 결정 / 작업조건 개선 /
직원 교육훈련

(2) 라 (3) 마 (4) 바 (5) 나

03

(1) A   (2) B   (3) A   (4) A   (5) B

(6) A   (7) B   (8) B

04

(1) 바   (2) 다   (3) 나   (4) 가

05

(1) 마   (2) 가   (3) 다 or 라   (4) 다

(5) 라 or 마   (6) 라   (7) 마   (8) 나

(9) 마

06

(1) 나   (2) 가   (3) 다   (4) 다

07

(1) 가   (2) 나   (3) 가   (4) 다

08

(1) 병원표준화의 실현 / 간호비용분석 / 예산수립 / 간호인력 산정 및 배치 / 간호수가 산정 / 간호의 질 평가

(2) 요인   (3) 요인   (4) 원형

(5) 기록 / 교육훈련 / 관련부서 간 의사소통 / 물품관리 / 의사지시 확인

09

(6), (7)

10

(1) 16명 [40 ÷ 2.5 = 16]

(2) 25명 $\left[\dfrac{3 \times 40 \times 365}{(365-140) \times 8} = 24.33 \right]$

11

(1) B   (2) B   (3) A   (4) B   (5) B

(6) A   (7) A   (8) A   (9) A   (10) B

12

(1) 다   (2) 나   (3) 바   (4) 마   (5) 나

13

(1) 능력주의 / 균형주의 / 적재적소주의 / 인재육성주의

(2) 실력주의

Review Test 08

01

(1) 나   (2) 다   (3) 라   (4) 가   (5) 나

(6) ① 사 ② 역할모델 / 프리셉터 / 멘토제도

(7) 업무전문성 향상 및 업무개선 사항 / 의료관계법령 준수 / 직업윤리 / 선진의료기술의 동향 및 추세

(8) 바

02

(1) 나, 라, 마

(2) 가, 다, 사 (※수문사 p.391.)

(3) 아   (4) 가   (5) 바   (6) 다   (7) 사

03

(1) 경력개발

(2) 임상사다리

(3) 효율적인 인재확보 · 배치 / 구성원의 자기개발 / 조직의 유효성 증대

(4) 능력주의 승진제도

(5) 연공승진제도

(6) 직계승진

04

(1) 보상 / 능력개발 / 승진 / 적재적소배치 /
작업조건 개선 / 근무의욕향상 / 노사관계개선 /
적정처우

(2) 라   (3) 나   (4) 아   (5) 가   (6) 사

(7) 라   (8) 아   (9) 가   (10) 가, 다, 마

(11) ① 다, 마   ② 바

(12) ① 나, 바   ② 가, 라   ③ 바

05

(1) 마   (2) 다   (3) 자   (4) 가   (5) 라

(6) 사   (7) 차   (8) 나   (9) 가   (10) 차

(11) 바, 아

06

(1) ① 가, 나   ② 다, 아   ③ 마, 사   ④ 바, 라

(2) 마   (3) 나   (4) 아   (5) 바

07

(1) 연장근로수당 / 휴일근로수당 / 야간근로수당

(2) 건강보험료 / 유급휴가제도 / 퇴직금제도

(3) 능력주의   (4) 연봉제

(5) 다   (6) 나   (7) 가   (8) 마   (9) 나

Review Test 09

01

(1) 행위   (2) ① 일관성   ② 융통성

(3) 서면경고   (4) 유지

02

(1) (X), 이상적이다 → 이상적이지 않다

(2) (X), 문제보다는 행동에 → 행동보다는 문제에

(3) 통합적

---

(4) 대상자의 불평해결 / 조직구조 개편 /
간호부 운영예산 / 단체교섭

03

(1) 지휘   (2) 리더십(지도성)

04

(1) A   (2) B   (3) B   (4) A   (5) A

(6) B   (7) A   (8) B   (9) A   (10) A

05

(1) 가   (2) 다   (3) 나   (4) 가   (5) 나

(6) 다   (7) 나   (8) 다   (9) 나

06

(1) 과업

(2) ① 리더와 구성원의 관계   ② 과업구조
③ 직위권한

(3) ① 과업   ② 관계

(4) ① 과업   ② 관계   ③ 관계

07

(1) 가, 나, 라, 바   (2) ① 사   ② 차

(3) 바   (4) ① 라   ② 낮은 ③ 높은

(5) 라   (6) 나

08

(1) 가, 다, 라, 마   (2) 라   (3) 가   (4) 마

(5) 라   (6) 가   (7) 다   (8) 마

09

(1) 변혁적   (2) 거래적

(3) 변혁적   (4) 나, 라, 사, 아, 카

(5) 가, 다, 마, 바, 자, 차, 타

10

(1) ① 슈퍼　② 셀프

(2) 카리스마 리더십

(3) ① 자기관찰 / 자기비판 / 리허설 / 자기보상

　　② 건설적 사고 / 과업재설계 / 직무상황 재설계

Review Test 10

01

(1) 나, 다, 바, 자　　(2) 가, 라, 마, 사, 아

(3) 마　　(4) 가　　(5) 사　　(6) 라　　(7) 아

(8) 다　　(9) ① 가 ② 나　(10) 바　　(11) 자

(12) 차　　(13) 마

02

(1) (X), 매슬로우 → 알더퍼

(2) (X), 관계 → 권력 / 성장 → 성취

(3) (X), ERG이론 → X－Y이론

(4) (X), 친교 → 권력

(5) (X), 존경 → 성장

(6) (X), 관계 → 성장 / 성장 → 관계

03

(1) 라, 바　　　　(2) 사, 카, 파

(3) 나, 하　　　　(4) 가, 마, 아, 차

(5) 다, 자, 타

04

(1) 가, 나, 라, 바, 아, 자　　(2) 다, 마, 사, 차

05

(1) (X), 맥그리거 → 로크

(2) (X), 수단성 → 유의가(유인가, 유의성)

(3) (X), 1차 결과인 성과 → 기대

(4) (X), 처벌 → 소거

(5) (X), 투입 → 결과

(6) (X), 과정 → 결과

06

(1) ① 리더십　② 일방향적

(2) 임파워먼트

07

나, 아

08

(1) 다, 라, 바, 차, 타, 파

(2) 가, 마, 자, 카, 하

(3) 나, 다, 사, 아

(4) 그레이프 바인

(5) 주장행동(자기표현)

(6) 정신건강 증진 / 간호업무 향상 / 인간관계 개선 / 자기능력 신장

09

(1) 라　　(2) 마　　(3) 나　　(4) 가　　(5) 마

(6) 다　　(7) 라　　(8) 나　　(9) 가

(10) 마

10

(1) ① 기능적 갈등　② 분열적 갈등

(2) 조직의 발전과 쇄신 / 문제인식의 기회 / 집단사고 방지 / 안정성 증가 / 조직의 내적 응집성 증가

(3) 부문화정도 / 업무의 상호의존성 / 가치 차이 / 의사소통 장애

11

(1) 다　　(2) 마　　(3) 라　　(4) 나　　(5) 가

(6) 라　　(7) 마　　(8) 다　　(9) 가　　(10) 마

12

라, 바, 자, 타

Review Test 11

01

(1) 통제

(2) ① 표준 ② 측정 ③ 비교 ④ 수정(개선)

(3) 환경변화에 대응 / 비용효과적인 의료관리 /
조직규모의 대형화에 대처 / 조직의 목표달성

(4) (X), 일반 → 특수

(5) (X), 종료 시기 → 초기

(6) (X), 현재 → 미래

(7) ① 적용성 ② 적응성

02

(1) O   (2) O   (3) X   (4) O   (5) O

(6) O   (7) O   (8) O

03

(1) 다, 마   (2) 바   (3) 가   (4) 라

(5) 나   (6) 아   (7) 사   (8) 바

04

(⑤ → ⑩ → ① → ② → ④ → ③
→ ⑥ → ⑨ → ⑦ → ⑧)

05

(1) B   (2) A   (3) A   (4) A   (5) B

(6) A   (7) A   (8) B   (9) B   ⑽ A

⑾ A   ⑿ B   ⒀ B   ⒁ B   ⒂ A

⒃ B   ⒄ B   ⒅ A

06

(1) 식스 시그마   (2) PDCA

(3) 식스 시그마   (4) 시행

(5) Lean   (6) 개선과제 발견

(7) ① DMAIC ② 분석

07

(1) 나   (2) 다   (3) 라   (4) 가   (5) 바

(6) 마   (7) 라   (8) 사

08

(1) 기준 → 간호표준   (2) 기준 → 지표

09

(1) 나   (2) 다   (3) 가   (4) 나   (5) 나

(6) 가   (7) 나   (8) 가   (9) 가   ⑽ 나

⑾ 나   ⑿ 가   ⒀ 나   ⒁ 다   ⒂ 가

⒃ 나   ⒄ 가   ⒅ 다   ⒆ 나   ⒇ 다

(21) 나   (22) 가   (23) 나

10

(1) B   (2) A   (3) A   (4) B

11

(1) 위험관리

(2) ① 질 ② 안전

(3) ① 4 ② 4

(4) ① 절대적 ② 추적조사

(5) 30일

(6) ① 보건복지부장관 ② 보건복지부차관
③ 15명 ④ 보건복지부장관

(7) 환자 만족도, 환자의 권리와 안전, 조직·인력관리 및 운영, 의료서비스 질 향상활동, 의료서비스의 제공과정 및 성과

(8) ① 병원급 ② 자율적 ③ 요양병원
④ 수련병원 / 전문병원 / 상급종합병원 / 연구중심병원 / 재활의료기관 / 외국인환자 유치 의료기관(병원급)

(9) 직원안전 관리활동 / 질 향상 및 환자안전 운영체계 / 감염예방 관리체계 / 화재안전 관리활동 / 환자안전사건 관리

12

(1) 24

(2) 활동기준 원가계산(ABC)

(3) 재무적 관점 / 고객관점 / 내부 비즈니스 프로세스 관점 / 학습과 성장관점

(4) ① 학습과 성장 관점

② 고객유지율 / 환자상담건수 / 고객만족도

Review Test 12

01

(1) 바   (2) 다   (3) ① 라 ② 차   (4) 나

(5) 아   (6) 카   (7) 자   (8) 가

02

(1) ① 환자안전   ② 환자의 보호

③ 의료의 질 향상

(2) ① 200 ② 100

③ 환자안전위원회   ④ 전담인력

⑤ 3년 ⑥ 보건의료기관

⑦ 약사 / 의사 / 간호사

⑧ 12시간

⑨ 환자안전사고 정보수집 및 공유 / 환자안전사고 예방위한 보건의료인 교육 / 환자 · 보호자의 환자안전활동을 위한 교육

(3) 5년

(4) ① 보건복지부   ② 국가환자안전위원회

(5) ① 환자안전

② 환자안전사고 보고 · 학습시스템

(6) ① 보건의료인 / 환자   ② 보고할 수 있다

03

(1) 진료받을 권리 / 알권리 및 자기결정권 / 비밀을 보호받을 권리 / 상담 조정을 신청할 권리

(2) ① 30 ② 40

(3) ① 18 ～ 23   ② 35 ～ 75

(4) ① 100 ② 200 ③ 400

(5) ① 낮은   ② 높은

(6) ① ㉠ 4개 ㉡ 6개

② 손씻기 / 환기

③ ㉠ 300개   ㉡ 100분의 5

④ ㉠ 10 ㉡ 6.3 ㉢ 15 ㉣ 1.5 ㉤ 2.0 ㉥ 1.2

㉦ 300 ㉧ 300 ㉨100 ㉩ 2 ㉪ 15 ㉫ 10

㉬ 1 ㉭ 2

04

(1) 안전관리

(2) 경련 / 노인 / 뇌출혈 / 무기력자 / 판단력 결핍자 / 협조거부자 / 건망증 / 시력장애

(3) 청력장애 / 낙상 기왕력자 / 당일 수술환자 / 무의식환자 / 이뇨제 투여환자

(4) ① 경환자   ② 중환자

(5) ① 혈액형 / 혈액번호 / 성명 ② 직전 ③ 15분

05

(1) ① 외인성   ② 30

(2) ① 그람음성(간)균   ② 포도상구균

(3) ① 요로계감염   ② 수술 후 창상감염

③ 호흡기계 감염

(4) ① 병원 ② 100 ③ 감염관리위원회

④ 감염관리실   ⑤ 종합병원

⑥ 150개 이상의 병상을 갖춘 병원, 치과병원

⑦ 한방병원   ⑧ 교육

⑨ 환자 / 보호자 / 의료기관 종사자 / 경비원

⑩ 정보

(5) 병원감염에 대한 대책 수립 / 감염관리요원 선정 및 배치 / 병원감염관리 규정의 제정 / 감염병환자 처리

(6) ① 간호사 / 의사 / 의료기관의 장이 인정하는 사람

② 1

(7) 16

06

(1) 마 (2) 다 (3) 라 (4) 다 (5) 마
(6) 나 (7) 나 (8) 다 (9) 라 (10) 나
(11) 다 (12) 라 (13) 다 (14) 나 (15) 다
(16) ① 나 ② 나오기 전 (17) 라 (18) 다
(19) 가 (20) 라 (21) 나

Review Test 13

01

(1) (X), 3년 → 2년
(2) (X), 잠금장치 → 이중잠금장치
(3) (X), 1명 → 2명
(4) (O)
(5) (X), 자동구매제도 → 가치분석

02

(1) ① 깨어진 조각 ② 사고마약류 발생보고서
   ③ 파손경위 / 파손자 / 파손 후 상태
(2) ① 마약 ② 잔량 ③ 마약류통합관리시스템
   ④ 폐기량
(3) 사용할 때마다
(4) ① 보존하여 약국으로 보내고 ② 24시간
(5) 업소소재지 / 상호 / 면허번호 / 서명날인
(6) ① 휠체어 / 이동식 흡인기
   ② 주사기 / 사무용품 / 수액세트
(7) 기준량 설정 / 물품청구 / 물품보관 / 재고관리 /
   물품사용법 지도
(8) ① 침상수 ② 환자수
(9) 정수보충
(10) 기준량 확보 / 소모량 파악 /
   불필요한(수선) 물품 파악 / 유효기간 관리
(11) 의사소통 / 법적 증거 / 교육 / 진료비 산정 /
   질 향상

(12) 정확성 / 적합성 / 완전성 / 간결성 / 적시성
(13) 법적 소송에서의 보호 / 업무파악과 조정 /
   법적 증거
(14) 사건일시 / 사고 대상자 이름 / 사건내용 /
   환자의 반응 / 후속조치

03

(1) A (2) B (3) B (4) A (5) B
(6) B (7) A (8) A (9) B (10) A

04

(1) 정보　　　　　 (2) 데이터베이스
(3) 양질의 간호 제공
(4) ① OCS ② 정확하고 신속한 의사전달
(5) 내용의 표준화 / 효율성 증가 / 적시성 향상 /
   접근성 향상 / 간호연구 촉진

05

(1) 나 (2) 다 (3) 라 (4) 라 (5) 가
(6) 라 (7) 나 (8) 라 (9) 나 (10) 가
(11) 가 (12) 다

06

(1) ① 최소한의
   ② ㉠ 익명 ㉡ 가명 ㉢ 익명 ㉣ 익명
   　 ㉤ 익명 ㉥ 가명
(2) ① ㉠ 법정대리인 ㉡ 법정대리인
   ② ㉠ 법정대리인 ㉡ 최소한 ㉢ 법정대리인

07

(1) ① 표적시장 ② 고객욕구 ③ 통합적 마케팅
   ④ 고객만족을 통한 이익
(2) 시장 중심적 / 고객 중심적

08

(1) 문제점

① 다   ② 라   ③ 가   ④ 나

(2) 해결방안

① 라   ② 가   ③ 나   ④ 다   ⑤ 다

⑥ 라   ⑦ 가   ⑧ 다   ⑨ 라   ⑩ 다

⑪ 라   ⑫ 가   ⑬ 나   ⑭ 가   ⑮ 다

⑯ 가   ⑰ 다

09

(다 → 나 → 라 → 가 → 바 → 마)

10

(1) 환경 / 경쟁 / 고객 / 자원

(2) 실질적 규모 / 접근가능성 / 명확한 구분성 /
차별된 반응성 / 실행가능성

(3) 정확한 시장상황 파악 / 조직의 경쟁좌표 설정 /
마케팅 자원의 효과적 배분 / 정확한 표적시장
선정 / 변화하는 시장수요에 적극적 대응

(4) 포지셔닝

11

(1) 나   (2) 가   (3) 다   (4) 가   (5) 라

12

(1) 나   (2) 다, 마   (3) 다   (4) 가

(5) 마   (6) 가   (7) 바   (8) 나   (9) 다

(10) 바   (11) 라

13

(1) 다   (2) 가   (3) 라   (4) 다   (5) 가

(6) 라   (7) 다   (8) 라   (9) 가   (10) 다

(11) 가   (12) 다   (13) 다, 라

(14) 나, 다, 라

Review Test 14

01

(1) 간호판단   (2) 진료

(3) ① 교육상담 ② 건강증진   (4) 지도

02

(1) (X), 자격정지 → 면허 취소

(2) (X), 없다 → 있다

(3) (X), 결과예견의무 → 확인의무

(4) (X), 전문적 → 일반적(보편적, 평균)

(5) (X), 간호사 → 간호를 받는 사람 / 처치 및
검사 → 처치 및 간호 / 간호 장소 →
간호 일시

(6) (X), 가족의 동의서 → 환자 본인의 동의서

(7) (X), 확인의무 → 설명 및 동의의 의무

(8) (X), 환자의 동의없이 → 환자나 환자 보호자
의 동의를 받아

03

(1) ① 면허 자격정지 ② 면허 취소

(2) 정신질환자 / 피성년후견인 / 향정신성의약품 중
독자 / 거짓이나 그 밖의 부정한 방법으로 의료
인 면허 발급 요건을 취득한 경우

(3) 면허 조건을 이행하지 아니한 경우 / 사람의 생
명 또는 신체에 중대한 위해를 발생하게 할 우려
가 있는 수술, 수혈, 전신마취를 의료인 아닌 자
에게 하게 하거나 의료인에게 면허 사항 외로 하
게 한 경우 / 의료인은 일회용 의료기기를 한 번
사용한 후 다시 사용하여 사람의 생명 또는 신체
에 중대한 위해를 발생하게 한 경우

(4) 환자

(5) ① 8
② 선진 의료기술 등의 동향 및 추세 / 의료관계
법령의 준수 / 업무 전문성 향상 및 업무개선 /
직업 윤리

04

(1) 알권리 및 자기결정권

(2) ① 수술 / 수혈 / 전신마취 ② 서면

(3) 환자의 생명이 위험해지는 경우 / 심신상의 중대한 장애를 가져오는 경우

(4) 발생하거나 발생가능한 증상의 진단명 / 수술 등의 필요성 · 방법 · 내용 / 설명을 한 의사와 수술 등에 참여한 주된 의사의 성명 / 전형적으로 발생이 예상되는 후유증 · 부작용 / 수술 등 전후 환자가 준수해야 하는 사항

(5) ① 수술 등의 방법 · 내용 /
　　수술 등에 참여한 주된 의사
　　② 서면

05

(1) 마　　(2) 다　　(3) 사　　(4) 아　　(5) 가
(6) 바　　(7) 나　　(8) 라

06

(1) ① 형사　② 민사
(2) ① 나, 다　② 가
(3) ① 가　② 나, 다
(4) 나　　(5) 라　　(6) 가
(7) ① 마　② 마

07

(1) 다　　(2) 사　　(3) 라　　(4) 다　　(5) 바
(6) 자　　(7) 가, 다　　　(8) 가, 마
(9) 자

08

(1) (X), 1970년 제정 → 1972년 제정 /
　　　　2014년에 개정 → 2013년에 개정
(2) (X), 책무 → 근본이념
(3) ① 윤리의식　② 사회적
(4) 인간의 존엄성 보호

09

(1) 정책 참여

(2) 간호 대상자 보호

(3) 첨단 생명 과학 기술 협력과 경계

10

(1) ①, ②, ⑩, ⑫, ⑭, ⑮
(2) ④, ⑥, ⑧, ⑨, ⑪, ⑯
(3) ③, ⑤, ⑦　　(4) ③　　　　(5) ④
(6) ⑧　　　　　(7) ①　　　　(8) ⑥
(9) ⑦　　　　　(10) ⑫　　　　(11) ⑯
(12) ⑤　　　　　(13) ⑪